Die schönsten Katzenabenteuer

Lucy Daniels

Die schönsten Katzenabenteuer

Bassermann

Der Text des Buches entspricht den Regeln der neuen deutschen Rechtschreibung

ISBN 3-8094-1120-5

© 2001 by Bassermann Verlag in der Verlagsgruppe FALKEN/Mosaik, einem Unternehmen der Verlagsgruppe Random House GmbH, 65527 Niedernhausen/Ts.
© der neubearbeiteten deutschsprachigen Originalausgabe 1997 by C. Bertelsmann Jugendbuch Verlag GmbH, München
Originaltitel: „Kätzchen in der Küche", „Alle helfen Alex",
© der Originalausgabe Ben M. Baglio 1994
Die Originalausgaben erschienen unter den Titeln „Animal Ark: Kittens in the Kitchen", „Animal Ark: Kitten in the Cold" bei Hodder Children's Books London

Die Verwertung der Texte und Bilder, auch auszugsweise, ist ohne Zustimmung des Verlags urheberrechtswidrig und strafbar. Dies gilt auch für Vervielfältigungen, Übersetzungen, Mikroverfilmung und für die Verarbeitung mit elektronischen Systemen.

Innenillustrationen: Shelagh McNicholas
Übersetzung: Angelika Feilhauer
Redaktion für diese Ausgabe: Stefanie Rödiger
Herstellung: Harald Kraft
Druck: GGP Media, Pößneck

*Für Jenny Oldfield,
die große Tierfreundin,
und für Peter und Benjamin,
die Kätzchen in meiner Küche*

Lucy Daniels

Kätzchen in der Küche

Mit Illustrationen von
Shelagh McNicholas

Aus dem Englischen von
Angelika Feilhauer

1. Kapitel

»Mandy, du bist ja plötzlich ganz wild auf die Schule«, sagte Mr. Hope. Er sah zu, wie Mandy alte Zeitungen in ihre Schultasche stopfte. Sie fuhr sich rasch mit einer Bürste durch das dunkelblonde Haar und griff nach einem Bissen Toast. »Es ist erst zehn vor acht. Bist du sicher, dass es dir gut geht?«

»Sehr witzig!«, sagte Mandy. »Natürlich geht es mir gut. Es ist nur ein besonderer Tag, weiter nichts.« Sie hatte ihre Kaninchen gefüttert und ihre morgendlichen Arbeiten in der »Arche« erledigt. Simon, der Tierpfleger, war eingetroffen, um die Betreuung der Tiere zu übernehmen, Fieber zu messen und Medikamente zu verteilen. Nun konnte sie gehen.

»Schulausflug?«, riet Mr. Hope, als Mandy ihr Fahrrad aufschloss und ihren Sturzhelm aufsetzte. Er bekam keine Antwort. »Neuer Freund?«

»Ha, ha!«, sagte Mandy. »Hab jetzt keine Zeit, Pa. Ich erzähle es dir später.« Sie fuhr los, die Auffahrt hinunter, während ihre langen Beine wie wild in die Pedale traten. Sie winkte ihrer Mutter zu.

»Wieso die Eile?« Mrs. Hope kurbelte die Fensterscheibe ihres Autos herunter.

Aber Mandy war bereits vorbeigesaust, unter dem Holzschild hindurch, auf dem »Die Arche. Tierklinik« stand. Sie warf einen Blick zurück zu dem alten Steinhaus mit seinem modernen Klinikanbau auf der Rückseite, dann fuhr sie schnell weiter.

»Sie hat etwas vor«, hörte Mandy Mrs. Hope noch sagen. »Sie hat diesen entschlossenen Gesichtsausdruck.«

Mandy wusste, dass ihre Eltern sich nicht vorstellen konnten, wozu sie die alten Zeitungen brauchte. Doch sie beachtete sie nicht und sauste die Straße hinauf nach Welford, ins Dorf. Sie würde ihr Geheimnis bis zum Abend für sich behalten, bis Mrs. Hope von der Runde ihrer Besuche bei kranken Katzen, Hunden, Ziegen und Hamstern, die Patienten der betriebsamen Tierklinik »Die Arche« waren, nach Hause kam. Sie winkte ihrer Mutter und ihrem Vater noch einmal zu, bevor sie in die Hauptstraße einbog. »Bis später!«, rief sie.

»Das ist er! Das ist der große Tag!«, begrüßte Mandy ihren Freund James Hunter. Wie üblich fiel ihm das glatte braune Haar in die Stirn und seine Brille saß weit vorn auf der Nase.

»Tag«, sagte er. »Ist dir eigentlich klar, dass ich mich eine halbe Stunde früher als sonst aus dem Bett gequält habe, um mich mit dir vor dieser verdammten Poststelle zu treffen!« Er war vom Radfahren ganz außer Atem. »Mein Vater ist vor Schreck fast tot umgefallen!«

»Los!«, ignorierte Mandy seinen Protest. »Lass uns losfahren und nachschauen!«

Mandy und James radelten aus Welford hinaus auf die zwei Meilen lange Straße nach Walton, vorbei an all den verschlafenen Häuschen und hellwachen Bauernhöfen mit ihren Collies am Tor. Dabei schwatzte Mandy ununterbrochen.

»Heute ist es so weit, ich weiß es!« Sie hatte für diese Dinge ein Gespür. James nickte. Er trat keuchend in die Pedale, um den Anschluss nicht zu verlieren. »Ich bin so aufgeregt, ich kann es kaum erwarten!« Der Boden flog unter ihren Reifen dahin. »Sie hat einen warmen trockenen Platz gesucht, das ist immer ein sicheres Zeichen! Außerdem wollte sie gestern nichts fressen.«

James nickte wieder zustimmend. »Gestern nach der Schule habe ich sie auf der Veranda des Hausmeisters gesehen, hinter dem Holzstoß. Sie ist eine wirklich kluge Katze!«

Sie radelten den letzten Hügel hinunter. Mandys kinnlanges Haar flatterte im Wind. Schließlich erreichten sie die funkelnagelneuen Einfamilienhäuser von Walton. Hinter diesen Häusern lag die Waltonmoor-Schule, ein weiteres neues Gebäude, hinter dem das offene Feld begann. Mandy und James fuhren durch das Tor auf den verlassenen Schulhof.

Mr. Williams, der Hausmeister, ging mit großen Schritten über den Platz und stellte Absperrkegel für den Müllwagen auf. Es war Donnerstag, Müllabfuhrtag.

»Morgen!«, rief Mandy, während James sich beeilte, sie einzuholen. Aber Mr. Williams war ein schweigsamer Mann. Er nahm keine Notiz von ihrem Gruß.

»Leise jetzt!«, ermahnte Mandy James. Sie hatten ihre Fahrräder in dem verschlossenen Schuppen zurückgelassen und erreichten die Rückseite des Hausmeisterhauses. »Wir wollen sie nicht stören.« Vorsichtig spähten sie über die Buchenhecke, die von Mr. Williams ordentlich geschnitten worden war. Sie suchten seine rosa blühenden Rosenbüsche und die Veranda auf der Rückseite seines Hauses ab.

»Mandy«, wagte James zu flüstern, »weiß Mr. Williams Bescheid?« Er putzte seine Brille an seiner Schuljacke ab. »Ich meine, was wird er sagen, wenn er uns beim Herumschnüffeln auf seiner Veranda erwischt?«

»Er wird nichts dagegen haben«, flüsterte Mandy zurück. Wie konnte jemand etwas gegen Tiere haben? »Mrs. Williams stellt manchmal Futter heraus. Ich nehme an, deshalb hat Walton sich ihre Veranda ausgesucht, um ihre Jungen zu bekommen!« Mandys Gesicht leuchtete vor Aufregung.

»Walton?« James hatte nicht gewusst, dass die Katze

einen Namen hatte. Sie war klein, schwarz-weiß und ziemlich gewöhnlich. Soweit er wusste, war sie herrenlos. Allerdings hatte ihm Mandy bisher nur wenig über die Katze erzählt.

»Ich habe sie nach der Schule benannt«, sagte Mandy. »Laut Mrs. Williams lag sie einfach eines Abends auf der Schwelle des Haupteingangs, ausgesetzt in einer Plastiktüte mit winzigen Löchern, damit sie atmen konnte. Kannst du dir das vorstellen? Menschen können so grausam sein!« Mandy kamen selbst jetzt noch beinahe die Tränen. »Sie war noch ganz jung und irgendwer hat sie einfach ausgesetzt!« Sie schniefte und versuchte sich zusammenzureißen. »Sie wäre gestorben, wenn ich nicht am nächsten Morgen zeitig da gewesen wäre und ihr etwas Milch aus dem Lehrerzimmer geholt hätte. Sie war völlig verwahrlost. Ich musste sie hochpäppeln.« Sie streckte ihre Schultern. »Das war vor sechs Wochen. Jetzt ist sie die Schulkatze und nicht mehr richtig herrenlos. Jetzt müssen wir uns um sie kümmern!«

Mit diesen Worten öffnete Mandy das Tor, das in den Garten der Williams' führte. »Walton! Walton!«, lockte sie, bückte sich und schaute unter die erhöhte Veranda in den darunter liegenden dunklen Raum. James suchte direkt auf der Veranda hinter dem Holzstoß. Keine Katze.

»Walton!«, rief Mandy etwas lauter.

Eine schwarz-weiße Gestalt kam über das Blumenbeet und den von langen Schatten bedeckten Rasen getrottet. Eine runde, unbeholfene Gestalt, beinahe so breit wie lang, mit einem hängenden Bauch. James entdeckte sie zuerst. »Mandy, schau!«, sagte er.

Mandy stieß einen erleichterten Seufzer aus. Sie waren rechtzeitig gekommen. »Hallo, Walton«, sagte sie. »Hier ist ein schöner, gemütlicher Platz für dich, um deine süßen Jungen zur Welt zu bringen, schau!« Sie ging die Verandatreppe empor. Die Katze folgte ihr. Mandy stöberte in ihrer Tasche und zog die alten Zeitungen heraus. Sie zeigte sie Walton und ließ sie an ihnen schnuppern. »Siehst du, schön warm und trocken!«

Dann stapelten sie und James einige der Holzscheite aufeinander, um eine Art Höhle für Walton zu machen. Sie kleideten sie mit dem Zeitungspapier aus, das sie sorgfältig in dicken Schichten aufeinander legten. »Schau!«, sagte Mandy wieder.

Walton strich um Mandys nackte Beine. Sie reckte den Kopf nach oben zu der außergewöhnlichen Wurfkiste aus Scheiten und Zeitungen. Ihrer zierlichen Nase und ihren Schnurrhaaren nach schien sie einverstanden zu sein. Sie kletterte langsam und unbeholfen auf den Rand.

»Gute Idee, einen sonnigen Platz auszusuchen«, sagte James. »Da ist es schön warm.« Er lächelte Mandy an und wurde rot. In der Ferne erklang die Morgenglocke. »War das die Glocke?«, fragte er verlegen. Dann stürmte er zum Unterricht davon, noch bevor Mandy antworten konnte.

»Hörst du das, Walton?«, sagte Mandy. »Das ist die

Glocke. Ich muss gehen.« Doch sie spürte die große Zuneigung, die sie mit der Katze verband. Vielleicht lag es daran, dass sie, Mandy Hope, zwölf Jahre alt, von der »Arche« in Welford im englischen Yorkshire, und Walton, der Schulkatze, etwas gemeinsam hatten. Beide waren sie adoptiert. Mandys Eltern waren bei einem Autounfall ums Leben gekommen, so früh, dass Mandy sich nicht an sie erinnern konnte, und Adam und Emily Hope hatten sich ihrer angenommen. Jetzt wollte Mandy mit Walton dasselbe tun.

Sanft streichelte sie die Katze, dann gab sie sich einen

Ruck. »Schluss mit dem Getue! Ich lass dich jetzt allein machen.« Sie wusste, dass Tiere in dieser Situation gern ihre Ruhe haben wollten. »Niemand wird dich stören. Ich komme später zurück, um nachzusehen, wie es dir geht.« Leise verließ sie die Veranda, dann ging sie rasch durch den Garten, durch das Tor und über den geteerten Schulhof. Die Glocke hatte zum zweiten Mal geläutet.

Als Mandy durch den Haupteingang in das Schulgebäude rannte, lief ihr Mr. Williams in seiner wattierten grünen Weste, seiner alten Cordhose und seinen großen Schnürstiefeln über den Weg. Wie üblich brummte er nur missmutig mit gesenktem Kopf. Mandy dachte, dass es wohl am besten wäre, ihm nichts von Walton und ihren Vorbereitungen für die Geburt zu erzählen. Besser auf später verschieben. Selbst Mr. Williams' Herz würde schmelzen, wenn er sah, wie sich Waltons Junge auf seiner Veranda aneinander kuschelten!

Mandy stürzte in den Unterricht. Vergeblich versuchte sie sich auf Mathematik, Erdkunde oder Englisch zu konzentrieren. Es gelang ihr nicht.

Um halb vier wartete James bei den Spinden auf Mandy. »Fertig?«, fragte er. Wie bei Mandy gab es auch in James' Leben nichts Wichtigeres als Tiere. Sie machten einen Bogen um die Menge und sprinteten zusammen den Hügel zum Hausmeisterhaus hinauf. Mandy stockte vor Aufregung beinahe der Atem. Dies war Waltons großer Tag!

»Walton!«, rief Mandy, als sie das Tor aufmachte und den Rasen überquerte. Sie gingen um die Ecke und die Veranda hinauf.

Mandy kniff die Augen zusammen. Gewiss würden sie Walton finden, wie sie behaglich auf ihrem Lager aus Zeitungspapier lag und ihre neugeborenen Jungen beschützte. Mandy konnte es kaum erwarten!

Sie riss die Augen auf. Das Nest war leer! Sauber, trocken und absolut leer. Mandy sah James an. Es schien ihnen, als würde der Boden unter ihren Füßen nachgeben.

»Wo ist sie?«, stieß James hervor.

Mandy schüttelte den Kopf. »Heute ist der Tag. Ich bin sicher, dass es heute so weit ist.« Sie konnte es nicht begreifen. Sie hatte in der Tierklinik oft genug Katzen gesehen, die Junge bekamen, um zu wissen, wie sie aussahen, wenn der große Tag kam. Mandy und James standen auf der Veranda, beunruhigt und verwirrt.

»Hör mal!«, sagte Mandy. Die Hintertür der Williams' stand in der Nachmittagssonne offen und Mandy war sicher, von drinnen ein Geräusch gehört zu haben. Einen dünnen, hohen, piepsenden Laut!

James starrte sie an. »Was ist das?«

Mandy trat über die Küchentürschwelle. »Mr. Williams?«, flüsterte sie. »Mrs. Williams?«

Die Küche war ordentlich und sauber, blitzblank geschrubbt. Die Gardinen erstrahlten im reinsten Weiß. Die schwarz-weißen Fliesen sahen aus wie in einer Werbung für Fußbodenreiniger.

Aber die Küche war leer. Das Fiepen wurde etwas lauter.

»Es kommt von da drin!«, sagte Mandy.

Auf Zehenspitzen schlichen sie in den leeren Raum.

»Es klingt immer noch ziemlich gedämpft«, sagte James. Er schaute in die Geschirrschränke, um die Quelle des Geräusches zu finden. Sie sahen unter die Regale, hinter das Gemüsegestell, aber sie konnten nichts entdecken.

»Walton!«, rief Mandy sanft.

Doch wo auch immer Walton war, sie legte offenbar keinen Wert auf Gesellschaft. Nur das gedämpfte, schwache Piepsen ertönte weiter. Mandy folgte ihm, bis sie es endlich geortet hatte.

In der Ecke der Küche, neben der Waschmaschine, stand ein Wäschekorb, ein altmodischer Strohkorb mit Deckel. Mandy legte ihr Ohr daran. Das Piepsen kam von da drin!

Behutsam hob sie den Deckel an. Drinnen war es dunkel und warm. Das Fiepen schwoll zu einem klagenden Chor an. Mandy gewöhnte ihre Augen an die Dunkelheit und spähte in den Korb. Sie sah die schwarzen und weißen Flecken von Waltons Fell und das Glitzern der Katzenaugen, als diese nach oben schaute. Willig hob Walton eine Pfote und drehte sich zur Seite. »Schau!«, schien sie sagen zu wollen. »Vier perfekte Kätzchen.«

Mandy konnte sie gerade so erkennen. Vier winzige zusammengerollte Dinger, grau und blind. Magere, hilflose Lebewesen. Mandy fand, dass es die hübschesten Wesen waren, die sie jemals gesehen hatte.

»Sind sie nicht wunderschön!«, flüsterte sie, als James hinzukam und ihr über die Schulter schaute.

Er sah ihre kleinen flachen Gesichter und blinden Augen. »Ja ... ja«, stammelte er. Er brauchte offensichtlich etwas Zeit, um sich an sie zu gewöhnen.

»Ach, sind die niedlich!«, gurrte Mandy. Sie kraulte Walton sanft unter dem Kinn. »Kluges Mädchen!«, sagte sie. Die kleinen Kätzchen piepsten lauter, als würden sie gegen das Licht und die kühlere Luft protestieren. Mandy hatte ein Einsehen und schloss den Deckel des Wäschekorbs wieder.

Und dann war es plötzlich aus mit ihrem Glück. Jemand kam über die Veranda und erschien in der Küchentür. Ein großer, breitschultriger Mann, der mit schweren Schritten über den Holzboden der Veranda polterte. »Amy?«, rief er. Er hielt inne, wischte sich die Füße ab, dann betrat er die Küche.

»Mr. Williams! Äh, hallo!«, sagte Mandy schwach. James stand neben ihr, rückte seinen Schulschlips zurecht und versuchte mutiger auszusehen, als er sich fühlte.

»Zum Teufel!«, brüllte Mr. Williams vor Schreck. »Amy! Wo bist du? Zum Teufel!«, sagte er wieder.

Seine Frau kam aus dem Wohnzimmer herbeigeeilt. Sie war halb taub und etwas kurzsichtig. »Schrei doch nicht so, Eric«, seufzte sie. »Ich höre sehr gut, auch ohne dass du schreist.«

»So, tust du das?«, schnaubte ihr Mann wütend. »Ich nehme an, dann hast du auch gehört, dass diese beiden hier herumschleichen!«

Mrs. Williams seufzte wieder. »Jetzt setzt euch erst mal alle hin, während ich uns eine Tasse Tee mache!«, sagte sie. Das schien ihr Allheilmittel zu sein.

Mandy und James setzten sich wie geheißen, möglichst weit von Mr. Williams entfernt, während seine Frau Tee machte. »Also so was!«, sagte er immer wieder. »Ist man denn nicht mal mehr in den eigenen vier Wänden sein eigener Herr?«

»Ach, sei doch still, Eric!«, sagte seine Frau und reichte ihm seine Lieblingstasse und ein großes Mürbeteigplätzchen. »Gib ihnen doch die Chance, alles zu erklären.« Sie war klein und dünn, nur halb so groß wie er, aber Mandy und James konnten sehen, wer hier der Boss war. »Also«, lächelte Mrs. Williams Mandy freundlich an. »Ich bin sicher, es gibt dafür eine gute Erklärung!«

»Die gibt es«, pflichtete ihr Mandy bei. Sie sah James Hilfe suchend an.

»Die Katze hat Junge bekommen!«, platzte James heraus.

»In Ihrem Wäschekorb«, vollendete Mandy.

»Was!« Mr. Williams sprang auf die Füße. Er zog sich rückwärts in eine Ecke zurück.

»Warte!« Mrs. Williams stand auf, um nachzusehen. Sie hob den Korbdeckel hoch und spähte hinein. »So ist es«, bestätigte sie gelassen. »Sie hat tatsächlich Junge bekommen.«

»Auf meinen besten Hemden!«, stammelte Mr. Williams. »Sie hat auf meinen besten Hemden Junge bekommen.«

»Beruhige dich, Eric!« Mrs. Williams schüttelte den Kopf. »Es ist doch nur eine herrenlose Katze!«

»Nur!« Der Hausmeister verdrehte in hilflosem Zorn die Augen.

»Sie wird bestimmt keinen Schaden anrichten«, mischte sich Mandy ein. »Katzen sind sehr saubere Tiere. Sie wird keinerlei Schmutz hinterlassen!« Sie versuchte Mr. Williams durch Argumente zu überzeugen. »Wenn Sie sie und die Jungen einfach ein paar Tage in Frieden lassen, werden sie bald auf den Beinen sein.

Dann können Sie ihnen einen besseren Platz herrichten. Einen Pappkarton, zum Beispiel. Sie legen ihn einfach mit Zeitungspapier aus und stellen ihn hinaus auf die Veranda. Mehr ist nicht nötig!«

»Ein paar Tage!«, wiederholte Mr. Williams. Sein Gesicht schien erstarrt. Sein Mund stand offen und seine Augen quollen hervor.

Mrs. Williams nahm Mandy und James beiseite. Sie schüttelte den Kopf. »Es hat keinen Zweck. Er kann sie nicht ausstehen.«

Mandy verstand nicht sofort. »Kann was nicht ausstehen?« Erst jetzt begann sie zu spüren, dass es da ein Problem gab.

»Katzen. Er kann sie nicht ausstehen. Sie machen ihn nervös.«

Mandy holte tief Luft. Wie konnten Menschen bloß Katzen hassen?

»Er sagt, sie zerwühlen ihm seinen Garten. Er kann sie nicht leiden.« Mrs. Williams schien bekümmert, aber sie klang so, als müssten sie das einfach verstehen. Was Katzen betraf, war ihr Mann stur wie ein Esel. Sie wandte sich um und begann das Teegeschirr fortzuräumen.

»Nur ein paar Tage!«, sagte Mandy und rannte von einem zum anderen. »Wir können die Kätzchen in den ersten Tagen nicht woanders hinbringen, sonst kann es vielleicht passieren, dass die Mutter sie im Stich lässt. Bitte lassen Sie sie, wo sie sind!« Sie bekam vor Angst fast keine Luft, doch sie versuchte es nicht zu zeigen.

»Dort lassen? In meinem Wäschekorb!« Mr. Williams schnaubte vor Wut. »Auf meinen besten Hemden!« Er schüttelte den Kopf. »Ein Haufen stinkender Katzen!«

»Sie sind kein…« fiel Mandy ein, doch James brachte sie zum Schweigen. Er wusste besser als Mandy, wann es unklug war zu widersprechen.

»Auf keinen Fall!« Mr. Williams steuerte direkt auf Mandy und James zu, um sie aus seiner Küche zu scheuchen. »Vorwärts, ihr zwei. Dalli, dalli! Ich sag's euch kein zweites Mal!«

Mandy und James wichen in Richtung Tür zurück. Mr. Williams beugte sich drohend über sie. »Bitte!«, flehte Mandy. Ihr war ganz elend.

»Nein!«, polterte Mr. Williams. »Sie müssen weg!« Er warf seiner Frau einen Blick zu. »Und es ist zwecklos, dass du mich so anschaust, Amy, also sei einfach still! Wenn ich Nein sage, meine ich auch Nein!« Er schaute auf Mandys entsetztes Gesicht hinunter. »Ich sage es euch ein für alle Mal, ich dulde keine Katzen in meiner Küche!«

2. Kapitel

Nach dem letzten Wort stürmte Mr. Williams aus dem Raum. Tränen schossen Mandy in die Augen. Verzweifelt blickte sie Mrs. Williams an.

Die alte Frau hob ihre Augenbrauen und verdrehte die Augen. Sie strich sich über das ordentliche graue Haar. »Lass ihn, in einer Minute hat er sich wieder abgeregt«, sagte sie. Sie hob den Deckel des Wäschekorbs hoch, um einen Blick hineinzuwerfen. »Ach, ach«, murmelte sie.

»Er kann das nicht ernst meinen«, sagte Mandy zu James, der sie aus der Küche hinaus auf die Veranda zu ziehen versuchte. »Er kann nicht einfach vier völlig unschuldige Kätzchen zum Tode verurteilen, oder? Das ist nicht fair!«

James schüttelte den Kopf und zog sie weiter mit sich. »Komm, wir gehen besser!«

»Mrs. Williams!«, bat Mandy flehentlich.

Die Frau des Hausmeisters wusch vorsichtig die mit Rosen verzierten Teetassen ab und stellte sie in einen hohen Schrank mit Glastüren. »Ich halte mich da raus«, sagte sie ruhig.

Mandy befreite sich aus James' Griff. »Aber das ist doch ungerecht! Ich meine, was haben diese armen kleinen Kätzchen denn jemals irgendjemandem getan? Sie verdienen eine Chance zu leben, genau wie jeder andere auch! Sie können sie nicht einfach hinauswerfen, nur weil sie zufällig an einem ungewöhnlichen Platz zur Welt gekommen sind!«

»Auf den besten Hemden meines Mannes«, erinnerte Mrs. Williams sie. »Was seine Hemden betrifft, ist mein Eric sehr heikel.« Sie wandte sich Mandy zu, die mehr als einen Kopf größer war, aber dünn wie ein Strich. »Und wer sagt überhaupt, dass das Leben gerecht ist?«

»Aber wenn er sie fortbringt, werden sie sterben! Walton wird sie verlassen!« Wieder kamen Mandy beinahe die Tränen.

Mrs. Williams starrte zu ihr empor. »Walton?« Sie verschränkte die Arme und schaute Mandy unverwandt an.

»Die Katzenmutter. Ich habe sie Walton genannt, nach der Schule. Ich wollte, dass es so klingt, als gehörte sie irgendwo hin! Als würde sich jemand um sie kümmern, als hätte sie ein Zuhause und jemanden, der sie gern hat!«, sprudelte es aus Mandy hervor.

Salzige Tränen liefen ihr jetzt über die Wangen und in den Mund. Sie dachte an die halb verhungerte Katze, die vor dem Schultor ausgesetzt worden war. Sie dachte an sich selbst. Was wäre geschehen, wenn Emily und Adam Hope sie nicht aufgenommen und für sie gesorgt hätten, als sie ganz klein war?

»Mandy!«, flüsterte James. »Nicht weinen. In der Tierklinik siehst du doch an jedem Tag der Woche schlimmere Dinge als das hier.«

»Nein, lass sie«, sagte Mrs. Williams nachdenklich. »Sie hat Recht. Die Kätzchen verdienen eine Chance.« Sie nahm Mandy bei der Hand und setzte sie an den Tisch. Die Spätnachmittagssonne fiel durch die weißen Gardinen. »Aber wisch dir um Himmels willen die Tränen ab, Kind. Ich kann meinen Eric über den Hof zurückkommen hören und er kann Heulsusen nicht ausstehen!« Sie zog ein sauberes Taschentuch aus ihrer Schürzentasche und reichte es Mandy. »Schnell, putz dir die Nase!«

»Werden Sie uns helfen?«, flüsterte Mandy. Die großen Stiefel des Hausmeisters stampften die Stufen empor und über die Veranda. »Wenn Sie die Kätzchen hier bleiben lassen, komme ich jeden Tag zweimal und helfe sie zu versorgen! Ich werde...«

»Pst!«, machte Mrs. Williams warnend. Ihr Mann hängte seine Mütze an den Türhaken. Sie stand auf und lehnte sich ruhig vor, die geballten Fäuste auf dem Tisch.

»Was zum...!« Mr. Williams' Gesicht verfinsterte

sich, als er Mandy und James erblickte. »Ich dachte, ich hätte euch gesagt, ihr solltet verschwinden! Was ist los, seid ihr taub?«

»Also, Eric«, begann Mrs. Williams fest.

»Fang nicht mit ›Also, Eric‹ an!«

»Also, Eric!«, beharrte sie. »Dieses junge Mädchen hat mir noch einmal erklärt, was es bedeuten würde, wenn man die Kätzchen wegbringt. Wie es scheint, wird die Mutter sie nicht mehr annehmen, wenn wir uns einmischen. Sie müssen in Ruhe gelassen werden.«

Ein lautes Miauen drang aus dem Innern des Wäschekorbs, als stimme es Mrs. Williams' energischen Worten zu. Ein Chor dünner Piepser folgte. Mr. Williams ging in der Küche auf und ab.

»Bleib stehen, Eric, und hör mir zu!« Die Hände in die Hüften gestemmt, trat die kleine Frau mit der geblümten Schürze ihrem schwergewichtigen Mann entgegen. »Wem schadet das schon? Du hast oben eine ganze Schublade voller Hemden, von denen die meisten kaum getragen sind. Eines ist sogar immer noch verpackt, mit Stecknadeln und allem. Dasjenige, das dir deine Schwester letztes Weihnachten geschenkt hat!« Sie blickte ihn streng an.

»Du weißt, ich mag neue Hemden nicht«, brummte er. »Sie sind steif und sie kratzen!«

»Ich werde es extra waschen.« Sie zuckte mit keiner Wimper. »Dann kannst du es am Sonntag zum Gottesdienst anziehen, in Ordnung?«

Mandy hielt den Atem an. Sie hatte das sichere Gefühl, dass sie sich nicht in diese Auseinandersetzung einmischen durfte, obwohl das leise Wehklagen aus dem Korb ihr fast das Herz zerriss. James hielt still bei der Tür Wache, bereit, die Flucht zu ergreifen.

Mr. Williams deutete anklagend auf den Korb. »Mein bestes blaues Hemd! Mein Lieblingshemd!«, erinnerte er seine Frau zornig. Aber es war das letzte Aufflackern von Widerstand. Er wusste, wann er verloren hatte.

»Also, Eric, es wird keinen Schaden nehmen. Dieses junge Mädchen kennt sich mit Tieren aus, nicht wahr?«

Mandy nickte und schluckte. »Mein Vater und meine Mutter sind Tierärzte. In Welford, in der ›Arche‹!«

Mrs. Williams nickte ebenfalls. »Siehst du, sie ist ein gutes Mädchen. Sie hat versprochen, zweimal am Tag herzukommen und zu helfen, diese armen kleinen Dinger zu versorgen. Sie werden dir nicht in die Quere kommen. Sie werden einfach da drinbleiben, schön behaglich, während Walton sich um sie kümmert.«

»Walton?«, unterbrach sie Mr. Williams.

»Die Katzenmutter«, erklärte Mrs. Williams, ruhig wie immer.

»Alberner Name für eine Katze«, brummte er, aber zweifellos war er geschlagen.

»Und?«, wollte die energische kleine Frau wissen.

»Also…« Er kratzte sich mit seinen dicken, abgearbeiteten Fingern die zerfurchte Stirn.

»Gut, dann ist das geregelt!«, sagte sie und es klang endgültig. »Das Mädchen wird jeden Tag herkommen, bis die Kätzchen beginnen, allein zurechtzukommen.«

Mr. Williams brummte.

»Das bedeutet Ja«, verkündete Mrs. Williams Mandy und James.

Mandy sprang vom Tisch auf. Endlich konnte sie wieder durchatmen. »Oh, vielen Dank!«, sprudelte sie hervor. »Ich gehe sofort los und hole etwas Futter und außerdem Vitamine und Sachen für Walton. Ich bin so schnell wie möglich zurück. Walton braucht viel Pflege, weil sie so klein ist, und möglicherweise müssen wir ihr beim Füttern ihrer Jungen helfen. Ich bringe für alle Fälle Milch und eine Pipette mit. Sie wird selbst nicht sehr viel Milch haben, und vier Junge zu säugen ist ziemlich viel für sie, vor allem, weil sie so schlecht beieinander war, als wir sie gefunden haben. Wir müssen...«

»Halt mal, immer mit der Ruhe!« Mr. Williams trat zurück an die Wand. »Nicht so schnell.« Er wandte sich an James. »Hör zu, Junge, vielleicht kann ich mit dir vernünftig reden!«

James stand aufmerksam da, bereit zuzuhören.

»Von Mann zu Mann, ich sag es dir geradeheraus, verstehst du. Meine Frau Amy ist viel zu weichherzig. Das weiß jeder. Und wegen ihr habe ich mich einverstanden erklärt, dass diese verdammten Kätzchen auf meinen Hemden bleiben dürfen. Mir gefällt das nicht, aber ich will meine Ruhe. Und wenn meine Frau sich etwas in den Kopf gesetzt hat, gebe ich gewöhnlich nach.«

Mrs. Williams lächelte Mandy zu, ihre Hände sanftmütig vor dem Körper gefaltet.

»Aber«, sagte Mr. Williams, »ich möchte deine Freundin warnen.«

Mandy sah, wie James bei dem Wort »Freundin« rot wurde. Aber Mr. Williams wetterte weiter.

»Also, ich bin ein gutmütiger Mensch, doch bevor ihr beide loslauft, um Futter und Vitamine und sonst noch was zu holen, möchte ich klarstellen, dass ich diese stinkenden Dinger, die sich jetzt auf meinen besten Hemden eingenistet haben, keinen Tag länger dulden werde als notwendig, ist das klar?«

James nickte. Mandy ging hinüber und stellte sich neben ihn. Sie sahen, wie Mr. Williams' Gesicht wieder den alten ärgerlichen Ausdruck bekam. »Ruhe oder nicht, ich gebe euch eine Woche«, sagte er drohend. »Und damit hat es sich! Danach ist es aus mit diesen ekelhaften kleinen Viechern!«

Mandy spürte, wie ihr Herz zu hämmern begann und das Blut aus ihrem Gesicht wich. »Wie meinen Sie das?«

»So wie ich es sage. Ich gebe euch sieben Tage Zeit. Findet in der einen Woche ein anderes Zuhause für diese Kätzchen, sonst…!« Er stand breitbeinig da, mit einem Gesicht wie Donnergrollen.

»Sonst was?«, stieß Mandy hervor.

»Sonst kümmere ich mich selbst darum!« Er drehte sich um, stampfte aus der Küche und schlug die Tür hinter sich zu.

Im Eiltempo fuhren James und Mandy mit ihren Rädern die Hügel nach Welford hinauf und hinab. In

Mandys Hinterkopf hämmerte der schreckliche Satz »Sonst kümmere ich mich selbst darum.« Was hatte er zu bedeuten? Bilder von Kätzchen, die ertränkt, erhängt oder in einem Sack neben einer Autobahn ausgesetzt wurden, schossen ihr durch den Kopf.

An der Kreuzung von Fuchspfad und Gänseweg verabschiedete sie sich von James und sauste den Weg hinauf zur Tierklinik. Dort angekommen ließ sie ihr Rad im Hinterhof fallen und rannte geradewegs in die Praxis.

»Ma!«, rief sie. Sie stürzte an Jean vorbei, die in der Aufnahme arbeitete und damit beschäftigt war, die Unterlagen für die Entlassung von Miss Martins Yorkshireterrier Snap fertig zu machen.

Jean schaute auf und lächelte. »Sie ist auf der Krankenstation«, sagte sie, aber die Tür fiel bereits hinter Mandy zu.

»Ma!« Mandy ging langsamer und senkte ihre Stimme, um die Tiere in den Käfigen und Zwingern, die dort in Reihen standen, nicht zu stören.

»Hallo, Mandy, hier drüben!«, rief Mrs. Hope. Sie hatte einen blau-grauen Perserkater auf dem Behandlungstisch und untersuchte ihn behutsam hinter dem linken Ohr. Freundlich streichelte sie den Kater und setzte ihn dann in seinen Korb zurück. »Du kannst gleich nach Hause gehen«, versprach sie. Sie wandte sich zu Mandy um. »Also, was gibt's denn so Aufregendes?«

Mandys Mutter stand in ihrem weißen Kittel da. Sie

trug ihr langes rotes Haar wie üblich zusammengebunden, aber wie immer löste es sich. Mit ihren großen grünen Augen und ihrem freundlichen Gesicht wirkte Mrs. Hope beruhigend auf ihre Tochter. »Die Schulkatze hat vier Junge bekommen«, berichtete Mandy.

»Ah!« Mrs. Hope lächelte. »Daher die Zeitungen. Eine gute Unterlage für eine Geburt. Bist du rechtzeitig dort gewesen?«

»Ja, aber ihr gefiel der Platz, den wir auf der Veranda für sie ausgesucht hatten, nicht.« Mandy spielte mit dem Verschluss am Korb der Perserkatze.

»Tja. Das kommt oft vor.« Mrs. Hope hakte die Daumen in den Taschen ihres Kittels ein. »Und?«

»Stattdessen hat sie ihre Jungen in der Küche des Hausmeisters zur Welt gebracht.«

»Und?«

»Und Mr. Williams, der Hausmeister, hasst Katzen!« Mandy sah ihre Mutter mit ihren großen blauen Augen an.

»Aha!« Mrs. Hope lehnte sich gegen den Behandlungstisch. Mr. Hope kam aus einem der Behandlungszimmer zu ihnen herüber.

»Ma!«, begann Mandy zu betteln. »Er hat uns eine Woche Zeit gegeben. Wir müssen in einer Woche einen Platz finden, wo Walton, die Schulkatze, ihre Babys großziehen kann – und vier gute Plätze, wo die Kätzchen später hinkönnen. Mr. Williams droht, dass er sie sonst irgendwo hinbringt und sie tötet!«

Mrs. Hope sah ihren Mann an. »Hm.«

»Das ist nicht fair!«, explodierte Mandy. »Ihn kümmern seine dummen Hemden mehr als das Leben von vier unschuldigen Tieren! Wie kann jemand nur so gemein sein!«

»Beruhige dich, Mandy«, sagte Mr. Hope. Nachdenklich strich er sich über den Bart. »Was haben seine Hemden damit zu tun?«

Mandy erklärte es ihm. »Überhaupt werden die Kätzchen in ein paar Tagen auf den Beinen sein und dann kann man sie aus dem dummen Korb nehmen. Dann kann er seine verdammten Hemden wiederhaben!«

»Mandy!«, ermahnte sie ihre Mutter. »Sei nicht ungezogen. Manche Leute mögen eben keine Katzen und das musst du akzeptieren.« Sie nahm den Katzenkorb hoch und machte sich auf den Weg zum Empfang.

Mandy begriff, dass sie jetzt ihre Chance nutzen musste. »Ma«, sagte sie, »kann ich heute Abend etwas Milch und ein paar Vitamine mit dorthin nehmen?« Da sie ihren Eltern oft bei der Arbeit in der Tierklinik zugeschaut hatte, wusste sie, was Walton brauchen würde, um ihre Jungen säugen zu können.

»Natürlich.« Mrs. Hope nickte. Sie war bereits im Hinausgehen.

»Und, Pa, können wir am Ende der Woche die Kätzchen herholen? Bitte!« Mandy schmiegte sich an ihn.

»Aha!« Mr. Hope legte einen Arm um ihre Schulter. Er wusste, dass seine Frau immer noch in Hörweite war. »Nun, Mandy, du kennst unsere Spielregeln, was das betrifft.«

»Ich weiß, Pa, aber das ist etwas anderes!« Mr. Williams würde die armen kleinen Dinger umbringen, wenn Mandy kein Zuhause für sie fand!

»Wir nehmen keine herrenlosen Tiere auf, das weißt du. Denk dran, wir sind keine wohltätige Einrichtung. Wir sind Tierärzte.« Mandy wusste, dass ihr Vater diese Regel gelegentlich vielleicht nicht so genau nehmen würde. Doch seine Frau behielt in geschäftlichen Dingen einen sehr kühlen Kopf. Sie kam zu ihnen zurück.

»Die Antwort kann nur Nein heißen, Mandy.« Mrs. Hope klang freundlich, aber bestimmt. Sie stellte den Katzenkorb ab und redete sanft auf Mandy ein. »Hör zu, der Hausmeister hat dir bereits einen Gefallen getan und dir eine Woche gegeben, nicht wahr?«

Mandy ließ den Kopf hängen und nickte unglücklich. »Es wäre nur für ein paar Wochen, Ma. Wir müssten sie nur für eine Weile nehmen, bis Walton sie nicht mehr säugt.«

»Und dann, hm?« Mrs. Hope warf ihrem Mann einen prüfenden Blick zu. »Das ist doch richtig, Adam? Wir können nicht plötzlich unsere Regel bezüglich herrenloser Tiere ändern. Wir würden uns im Handumdrehen nicht mehr vor ihnen retten können. Das musst du verstehen, Mandy.«

Mandy nickte wieder. Ihre Mutter hatte immer Recht, aber es tat manchmal ziemlich weh, das zuzugeben. Sie dachte an die vier hilflosen Kätzchen, die eine stolze Walton sorgsam sauber leckte.

»Hör zu«, sagte Mr. Hope aufmunternd. »Kopf hoch, das ist eine Herausforderung!«

Mandy schaute auf. »Wie meinst du das?«

»Du hast eine ganze Woche Zeit. Betrachte es von dieser Seite! Eine Woche, um für vier lustige kleine Fellbündel und ihre Mutter einen guten Platz zu finden. Du schaffst das!«

Mandy blickte auf und sah sein schiefes, fröhliches Lächeln.

»Ich schaffe das«, bestätigte sie. »Oder besser gesagt, wir schaffen das!«

»Wir?«, fragte ihre Mutter.

»Ich und James.«

»Du und James!«, echote ihre Mutter und hob die Augenbrauen. »Ach so!«

Mandy ignorierte sie. »Jawohl! Vier Plätze für vier Kätzchen!« Mandy begann sterilisierte Pipetten und Vitamintropfen in ihre Taschen zu packen. »Ganz einfach. Kein Problem!«

»So gefällst du mir«, sagte Mrs. Hope zufrieden.

Mr. Hope zwinkerte Mandy zu. »Das ist meine Tochter!«

Mandy rannte umher und war wieder ganz die Alte. »Ich kriege das hin, wartet nur!« Schon eilte sie an der Aufnahme vorbei, lächelte Jean zu, streichelte rasch zwei schwarze Labradore und einen Hamster, sprang auf ihr Fahrrad und fuhr die Zufahrt hinauf, noch bevor ihre Eltern wussten, wie ihnen geschah.

Als sie wieder an der Schule angekommen war, öffnete Mrs. Williams ihr die Küchentür. Sie sah zu, wie Mandy behutsam den Deckel des Wäschekorbs hob.

»Hallo, Walton«, lockte Mandy. Innen im Korb war es warm und dunkel. Die Katze schnurrte zu ihr empor. »Na komm, komm und friss etwas!« Mandy nahm die warme weiche Katze hoch und wiegte sie. Die vier Kätzchen wimmerten kläglich. »Tut mir Leid, aber Katzenmütter brauchen auch Fürsorge!«, sagte Mandy, als sie den Deckel schloss.

»Hier!«, sagte Mandy, während sie Walton Milch und Futter auf den Küchenfußboden stellte. Die Katze buckelte ihren schwarz-weißen Rücken und strich Mandy um die Beine. Dann kauerte sie sich rasch und anmutig zu ihrem Abendessen nieder.

»Kommen Sie her und sehen Sie mal!«, flüsterte Mandy Mrs. Williams zu. »Walton hat bestimmt nichts dagegen.« Walton hob kurz ihren Kopf, als Mandy noch einmal den Korbdeckel öffnete, dann schleckte sie weiter ihre Milch. Mandy und Mrs. Williams spähten zusammen in das dunkle Nest. Sauber und trocken kuschelten sich die vier Kätzchen in Mr. Williams' bestes blaues Hemd. Blind und hilflos, aber jetzt still, schmiegten sie sich aneinander.

»Liebe Güte!« Mrs. Williams schüttelte den Kopf. »Sie sehen wie ertrunkene Ratten aus!«

»Nein, tun sie nicht. Sie sind wunderschön!«, flüsterte Mandy. »Schauen Sie!«

»Nun, für mich sehen sie jedenfalls alle gleich aus, so grau und pelzig und zusammengerollt.«

»Nein, sie sind doch ganz unterschiedlich. Sehen Sie das nicht?« Spontan beschloss Mandy, ihnen Namen zu geben. Sie hob sie hoch, eines nach dem anderen. »Das hier ist Smoky und das hier ist Patch.« Eingehend betrachtete sie die beiden verbliebenen Kätzchen und lächelte dann. »Und das hier heißt Amy. Und das ist Eric!«

»Oh!« Mrs. Williams trat etwas erschreckt zurück, dann lächelte sie gegen ihren Willen erfreut. »Bist du sicher? Ich meine, ich weiß nicht, was mein Mann dazu sagen wird!«, meinte sie stirnrunzelnd und strich ihre Schürze glatt.

Mandy lächelte und richtete sich auf, während Walton ihre Mahlzeit beendete.

Die Katze sprang auf den Korb, um wieder ihren Mutterpflichten nachzukommen. Sie sprang hinab in das dunkle Loch, bereit, die Jungen trinken zu lassen.

»Ich denke, für heute kommt sie allein zurecht.« Mandy legte den Deckel wieder auf und prüfte ihn, um sicherzugehen, dass die Katze ihn leicht wegschieben konnte. »Vielleicht fangen wir morgen damit an, den Kätzchen etwas zusätzliche Nahrung zu geben.«

»Hmm.« Mrs. Williams nickte. »Um wie viel Uhr wirst du morgen wieder hier sein?«

»Ungefähr um acht. Bevor die Schule beginnt.«

Die Frau des Hausmeisters begleitete sie hinaus. »Aber vergiss es nicht!«

»Niemals!« Mandy winkte, nahm ihr Fahrrad und machte sich auf den Heimweg.

Die Sonne ging über dem Moor unter, als sie aus Walton hinausfuhr, vorbei an den neuen Häusern, auf die offene Landstraße. Der Himmel war tiefrot, der Horizont dunkelbraun. Mandy spürte den Wind. Sie war mit dem Tag zufrieden, glücklich, dass Walton eine so leichte Geburt gehabt hatte. Sie würde eine großartige Mutter sein, obwohl sie selber noch so jung war.

Dann krampfte sich Mandys Magen zusammen. Für diese Nacht hatten sich Smoky und Patch, Amy und Eric zusammengekuschelt und schliefen, doch draußen wartete eine neue Welt auf sie, eine große, gefährliche Welt. Mandy umklammerte den Lenker, als sie die letzte Kurve den Hügel hinunter nach Welford hineinfuhr. Ihr Gesicht sah finster aus. Sie hatte eine Woche, um für alle Katzen gute Plätze zu finden. Mr. Williams' Drohung lauerte in dem länger werdenden Schatten wie ein Riese aus einem Märchen. »Findet in der Woche ein anderes Zuhause für die Katzen. Sonst kümmere ich mich selbst darum!«, hatte er gebrüllt. Mandy wusste, dass er kein Erbarmen kennen würde. Er meinte, was er sagte. Über den armen kleinen Kätzchen hing ein Todesurteil, und nur sie konnte sie retten!

3. Kapitel

Mr. Hope sah vom Fernseher auf, als Mandy hereinschlenderte. Das Wohnzimmer war niedrig und hatte eine Holzbalkendecke. Weiche, rot gemusterte Teppiche lagen auf dem alten Steinfußboden vor dem großen Kamin in der Ecke. Es war ein kalter Abend und ein Holzfeuer knisterte. »Noch Hausaufgaben zu machen?«, fragte Mr. Hope.

»Schon erledigt.« Mandy blätterte ein Exemplar von *Der Talbewohner* durch. Sie blickte finster und rastlos.

Wieder schaute Mr. Hope sie an. »Warum bringst du das nicht deiner Oma zurück?«, schlug er vor.

Mandy nickte. Sie dachte ununterbrochen nach. Wie sollte sie es anstellen, Plätze für die Kätzchen zu finden? Aber sie nahm die dünne Zeitschrift und ging den Flur hinunter.

»Wo gehst du hin?«, fragte ihre Mutter, die durch die Haustür trat. Sie war gerade von ihrer Yogastunde zurückgekommen, entspannt und lächelnd wie üblich.

»Ich muss den Kaninchenstall sauber machen und dann gehe ich zu Oma und Opa«, sagte Mandy geistesabwesend. Sie schwenkte die Zeitschrift, immer noch tief in Gedanken versunken.

»Grüß sie von mir!«, rief Mrs. Hope, aber sie erhielt keine Antwort.

Mandy ließ Flopsy, Mopsy und Hopsy hinaus in den Auslauf im Hintergarten, machte ihren Stall sauber und legte frisches Stroh hinein. Nachdem sie sich überzeugt hatte, dass die Kaninchen frisches Wasser hatten und für die Nacht wieder sicher in ihrem Stall waren, machte sie sich auf, die Straße entlang zum Häuschen ihrer Großeltern.

In der kühlen Abendluft verströmte das Meer aus weißem Flieder, das im Garten ihres Großvaters wuchs, einen intensiven, süßen Duft. Selbst zu dieser späten Stunde würde ihr Großvater draußen in seinem Gewächshaus sein und herumwerkeln. »Hallo, Opa!«, rief Mandy und winkte. Sie wartete bei dem neuen Wohnmobil auf ihn, das stolz neben dem Haus in der Auffahrt stand.

»Hallo, Liebes!« Das Gesicht des Großvaters leuchtete auf und er kam heraus, um sie zu begrüßen. Er schob die Gewächshaustür zu. »Immer hereinspaziert. Deine Großmutter ist drinnen und schreibt Briefe.«

Er führte sie durch die Küche in das gemütliche Hinterzimmer. Die Lampen verbreiteten ein warmes, gelbes Licht und die geblümten Vorhänge waren zugezogen.

»Hallo!« Mandys Großmutter lächelte ihr zu. »Rat mal, was ich hier mache.«

Mandy setzte sich ihr gegenüber an den Tisch. »Einen Brief schreiben!« Sie liebte es, ihre Großeltern zu besuchen. Selbst wenn sie sich niedergeschlagen fühlte wie jetzt, munterten sie sie irgendwie auf.

»Nicht einfach irgendeinen Brief!«, verkündete ihre Großmutter. »Der hier ist ein ganz besonderer. Er geht an den Premierminister!«

»Oh!« Mandy versuchte, nicht zu überrascht zu klingen. Sie war gewohnt, dass ihre Oma unglaubliche Jackenmuster strickte und kiloweise Rhabarber- und Ingwermarmelade machte, nicht aber, dass sie Briefe an Premierminister schrieb. »Worum geht es denn?«, erkundigte sie sich.

»Um unsere Poststelle. Im Dorf gibt es schlimme Gerüchte darüber, dass sie sie schließen wollen. Mr. McFarlane hat mir davon erzählt, als ich heute Morgen da war, um unsere Rente abzuholen.«

»Warum wollen sie sie schließen?« Mandy konnte sich das Leben in Welford ohne McFarlane's Poststelle, die zugleich ein Gemischtwarenladen war, nicht vorstellen. Sie hatte dort schon Brausepulver gekauft, als sie noch ganz klein war, Wasserpistolen, Kaugummi, Comichefte und manchmal Waschpulver für ihre Mutter, wenn es ausgegangen war. Als sie im letzten Monat James' Geburtstag vergessen hatte, hatte sie bei McFarlane's eine Karte mit Blumen und einem schrecklichen Vers geholt:

> Hier ist mit einem dicken Schmatz
> Ein Geburtstagsgruß für einen Schatz.
> Alles Liebe auf immer und ewiglich
> Für einen so netten Freund wie dich!

Die Großmutter schob sich die Brille ins Haar. »Sie sagen, der Unterhalt wäre zu teuer. Zu teuer, ich bitte dich! Ehrlich, sie haben keine Ahnung, wovon sie reden. Wir müssen das verhindern!«

»Also schreibt Dorothy an den Premierminister. Wende dich immer an die oberste Stelle, sage ich«, sagte Mandys Großvater. »Auf ihrem besten Briefpapier natürlich!« Er zwinkerte und reichte Mandy ein Glas selbst gemachter Limonade.

»Auf meinem offiziellen Briefpapier. Ich schreibe als Vorsitzende des Frauenbundes von Welford!«

Mandy machte ein beeindrucktes Gesicht. Selbst der Premierminister würde ihrer Großmutter zuhören müssen, wenn sie in Fahrt war. »Sie werden die Poststelle nicht schließen«, sagte sie. »Nicht, nachdem sie deinen Brief gelesen haben!«

Alle lachten. »Jetzt habe ich den Faden verloren«, sagte die Großmutter. Sie schob Stift und Papier beiseite und sah auf Mandys unruhige Hände. »Na, sag schon, irgendetwas beschäftigt dich, das sehe ich doch.«

Mandy ließ sich nicht zweimal bitten. Die Geschichte

von Walton und ihren Jungen sprudelte nur so aus ihr heraus. Dass Walton die Schulkatze war, aber Mandy glaubte, sich um sie kümmern zu müssen. Dass Mr. Williams überhaupt kein Herz hatte. Dass sie, Mandy, ein Zuhause für die Kätzchen finden musste. Ihre Großeltern nickten oder schüttelten missbilligend den Kopf, genau an den richtigen Stellen. Am entscheidenden Punkt hielt Mandy inne und holte tief Luft. »Oma«, sagte sie und versuchte sehr vernünftig zu klingen. »Ich habe nachgedacht.«

»Ja?« Ihre Großmutter warf ihr einen Blick von der Seite zu.

»Also, ich habe mir überlegt, dass eine Katze für euch hier im Haus genau das Richtige wäre. Ich meine, es ist ein bisschen einsam so weit oben in der Straße, wo man kaum irgendwelche Nachbarn sehen kann, und eine Katze ist wirklich eine gute Gesellschaft für ... « Sie zögerte und errötete.

»Für alte Leute?«, vollendete ihr Großvater den Satz. Er grinste. Er war fünfundsechzig, ein begeisterter Gärtner, Wanderer und Radfahrer. Er war kerngesund und fit.

»Ja«, gab sie zu. »Davon abgesehen sind es süße, saubere Tiere und man hat nicht viel Arbeit mit ihnen. Sie sind sehr selbstständig und ... »

»Halt!«, sagte ihr Großvater. »Mal sachte!« Hilflos sah er zu seiner Frau hinüber.

»Schau, Liebes«, sagte ihre Großmutter sanft. »Es ist sicher eine gute Idee und es ist sehr lieb von dir, dass du so an uns denkst, wirklich. Du bist unser liebes, warmherziges Mädchen, das weißt du!«

Mandy sah ein riesengroßes »Aber« drohend am Horizont auftauchen. »Ja?«, sagte sie und spürte, wie sie der Mut verließ.

Ihr Großvater fuhr fort. »Aber wir haben uns gerade diesen modernen neuen Bus gekauft. Du weißt, den wir uns zur Pensionierung gegönnt haben!« Er deutete mit dem Kopf nach draußen. »Da steht er in der Auffahrt, blitzblank geputzt und neu, und wartet nur darauf, uns in die italienischen Alpen, in die Provence oder nach Portugal zu bringen!«

»Oder übermorgen ans Meer!«, warf ihre Großmutter ein.

Mandy nickte. »Und?«

»Wir werden also nicht so oft zu Hause sein, wie zu der Zeit, als dein Opa noch gearbeitet hat. Wir werden auf der Landstraße unterwegs sein, auf der Autobahn, den Wind in den Haaren, die Sonne im Gesicht!«

Mandy war entsetzt. Sie fragte sich, ob sie ihre Großeltern jemals wiedersehen würde!

»Nicht ständig«, schränkte ihr Großvater ein. »Ich muss ja meine Tomaten im Auge behalten!«

»Aber viel zu oft, um eines deiner herrenlosen Kätzchen zu uns zu nehmen«, sagte die Großmutter schließlich.

Und damit musste Mandy sich abfinden. Es war Smoky gewesen, den sie für ihre Großeltern ausgesucht hatte, mit seinem frechen Gesicht und dieser Art, die anderen drei wegzuschubsen, wenn sie tranken. Nun würde sich Smoky doch nicht vor der Eingangstür ihres Opas sonnen können. Mandy versuchte ihre Enttäuschung herunterzuschlucken.

»Aber...« sagte ihre Großmutter und steckte sich eine lose Haarsträhne wieder in die Einschlagfrisur. »Wir können dir trotzdem helfen!«

»Wie?« Mandy stürzte sich auf das Angebot. Ihre Augen leuchteten auf.

»Wir werden dir helfen gute Plätze zu finden. Wie viele Kätzchen sind es? Vier?« Die Großmutter begann zu überlegen. »Da ist Eileen Davy im alten Schulhaus, aber das liegt an der Hauptstraße und ihr sind schon zwei Katzen überfahren worden, arme Dinger. Dann ist da Myra Hugill, aber sie muss sich im Moment um ihre kranke Schwester in York kümmern. Da ist Dora Janeki vom Wiesenhof, aber sie ist eine verrückte Nudel und ihr neuer Mann nicht gerade als Tierfreund bekannt!«

Mandy klammerte sich an jeden Namen und ließ ihn wieder fallen, während ihre Großmutter die Namen an ihren Fingern abzählte. Wieder stieg Hoffnungslosigkeit in ihr auf.

»Wartet mal!«, sagte ihr Großvater. »Ich habe da gerade eine großartige Idee!«

Mandy drehte sich um und sah ihn an. »Welche?«

»Die Poststelle!«, sagte er und hob einen Finger.

Mandy schaute ihn verwirrt an. »Jetzt fang nicht wieder mit der Poststelle an, Opa. Wir sprechen über Waltons Junge!«

»Ich weiß. Deshalb erwähne ich McFarlane's ja. Das ist eine großartige Idee!«

»Oh, ich verstehe!«, sagte ihre Großmutter. »Ja, Tom, natürlich!«

»Was? Wie?« Mandy begriff überhaupt nichts.

»Die Anschlagtafel in der Poststelle! Das ist genau das, was wir brauchen!« Ihr Großvater holte ein Blatt Papier aus dem Schreibtisch und schraubte seinen alten Füller auf. »Passt auf.«

In wunderschönen verschnörkelten Buchstaben schrieb er:

> *Wer nimmt junge Katzenmutter mit Babys vorübergehend bei sich auf?*
> *Gesucht werden außerdem nette Katzenfreunde, die vier jungen Kätzchen in ca. acht Wochen ein Zuhause geben wollen.*
> *Telefon: Welford 703267*

»So!«, sagte er, trat zurück und betrachtete sein Werk. »Das kannst du morgen früh als Erstes zu McFarlane's bringen!«

Mandy nahm den Zettel. Sie nickte und lächelte. »Super, Opa!«

Er schraubte seinen Füllfederhalter wieder zu. »Nicht der Rede wert, Liebes«, sagte er bescheiden.

»Doch, es ist genial! Wir werden Millionen von Anrufen bekommen, du wirst sehen!« Welford war voll von Tierfreunden und dies war der perfekte Weg, sie zu erreichen. Jeder ging im Laufe des Tages irgendwann einmal in die Poststelle. Mandy umarmte ihre Großeltern.

»Vielleicht nicht gerade Millionen«, dämpfte die Großmutter ihre Erwartungen.

»Na gut, aber dutzende!«, sagte Mandy und lachte über ihren Hang zur Übertreibung. Dann brachen alle in Gelächter aus.

Mandy verließ das Haus lächelnd und glücklich. Sie schloss das Tor mit dem Schild, auf dem »Haus Flieder« stand, winkte und ging los, die Straße hinunter. Heute war Freitag. Sie würde morgen in aller Frühe unten bei McFarlane's sein, noch vor dem Zeitungswagen oder dem Milchmann. Am Wochenende würde sie damit beschäftigt sein, die ganzen Anrufe entgegenzunehmen. Voller Pläne und Ideen rannte sie nach Hause.

Mandy hatte mit James vereinbart, sich wieder früh zu treffen, um zur Schule zu fahren. Sie war bereits in der Poststelle gewesen und hatte ihren Zettel am besten Platz von McFarlane's Anschlagtafel festgesteckt. Vergnügt begrüßte sie ihren Freund: »Du kommst sieben Minuten zu spät, James Hunter!«

James schob seine Brille wieder auf die Nasenwurzel. »Tut mir Leid«, sagte er. Er kam mit seinem Fahrrad quietschend zum Stehen. »Ich musste mit Blackie Gassi gehen. »Pa ist nicht da. Und dann musste ich Benji füttern.«

»Na ja, dann.« Mandy verzieh ihm. Dass man wegen

eines Hundes und einer Katze zu spät kam, war gut zu verstehen. »Lass uns losfahren!«

Auf der Fahrt machten sie etwas Zeit wett. Es herrschte erst wenig Verkehr und sie kannten alle Abkürzungen. Um fünf nach acht klopften sie an die Küchentür der Williams'.

Mrs. Williams öffnete ihnen mit besorgtem Gesicht. »Ich dachte schon, ihr würdet nicht kommen! Herein mit euch«, sagte sie.

»Stimmt etwas nicht?« Mandy packte auf dem Küchentisch Katzenfutter und eine Tüte Milch aus.

»Ich weiß nicht recht. Meiner Meinung nach ist es da drin zu still. Nicht wie gestern mit dem ganzen Radau. Selbst Eric ist das aufgefallen.« Mrs. Williams sah Mandy ängstlich zu.

Mandy hob den Korbdeckel hoch. »Hallo, Walton!«, sagte sie.

Aber die Katze lag auf der Seite und konnte nur schwach miauen. »Lasst mich in Ruhe«, schien sie zu sagen. Sie hob ihren Kopf, aber sie streckte sich nicht und kam nicht hinaus ans Tageslicht, um nach dem Frühstück zu schauen.

»Die Arme, sie ist erschöpft!«, sagte Mandy. »James, mach die Dose Katzenfutter auf.« Sie streckte ihre Hand hinein und hob die müde Katze behutsam heraus. »Es geht ihr bald wieder gut«, sagte sie zu Mrs. Williams. Durch die Mithilfe zu Hause wusste sie, dass es nichts Ernstes war. »Sie braucht nur ein bisschen Betreuung.« Und sie setzte die Katze zum Fressen auf den Boden.

Walton schwankte, fing sich wieder und ließ sich hungrig vor dem Teller mit Fleisch nieder.

»Was ist mit den Jungen?«, fragte James.

Mandy warf einen fachmännischen Blick auf die vier zusammengekauerten Gestalten. »Alles in Ordnung!«, sagte sie. »Aber wir müssen sie füttern. Wir brauchen die Pipetten. Und heute müssen wir ausnahmsweise die normale Milch nehmen.« Sie hatte oft genug beobachtet, wie ihre Mutter und ihr Vater Kätzchen gefüttert hatten. Nun hoffte sie, dass sie es allein schaffen würde.

James nahm die Pipetten aus der Tasche. Mandy wärmte die Milch behutsam an. Dann hob sie eines der federleichten Bündel heraus. Sie setzte sich mit ihm auf dem Schoß hin und drückte sein winziges Mäulchen auf. »Komm, Patch, na komm!«, redete sie ihm gut zu.

Sie drückte das Gummibällchen der Pipette zusammen und nahm ein wenig warme Milch auf. Dann schob sie, während sie das Maul des Kätzchens mit zwei Fingern offen hielt, mit der anderen Hand die Glasröhre zwischen seine Lippen. Sie drückte wieder auf das Bällchen und beobachtete, wie Patchs winzige Zunge die Flüssigkeit aufleckte und schließlich schluckte. »Siehst du?«, sagte sie zu James. »Jetzt bist du dran.«

Er nickte und nahm ein anderes Junges aus dem Korb. Es war Smoky. Ängstlich, aber entschlossen, tat James es Mandy mit einer zweiten Pipette nach. Smoky blickte verblüfft, dann schluckte er. James sah triumphierend auf.

»Das hast du wirklich gut gemacht!«, lobte Mandy.

Fünfzehn Minuten später, gerade als sie die Fütterung der letzten beiden Jungen beendeten, stampfte Mr. Williams, der die Schule aufgeschlossen hatte, wieder herein. Mandy und James waren dabei, die Kehlen der Jungen zu streicheln, damit sie schluckten. Mr. Williams hörte das schwache Miauen im Korb. »Was ist denn mit der Katzenmutter los?«, fragte er barsch.

»Sie ist erschöpft«, sagte Mrs. Williams. »Und das wärst du an ihrer Stelle auch.« Wie eine besorgte Tante stand sie am Spülbecken.

»Hm.« Er wandte sich um und verließ brummend die Küche. »Das wird hier wohl ein Katzenkrankenhaus! Wer ist hier eigentlich der Herr im Haus?«

Mandy und James waren mit dem Füttern fertig und räumten den Raum vorbildlich auf. Walton saß auf der Treppe und genoss die Morgensonne. Sie putzte sich gründlich. Mandy beugte sich herunter, um sie zu streicheln. »Braves Mädchen«, sagte sie. Sie war erleichtert, als Walton beschloss, dass es nun an der Zeit wäre, zu ihren Jungen zurückzukehren. Mandy und James beobachteten, wie sie über die glänzenden Fliesen lief, hochsprang und geschickt mit einer Pfote den Korbdeckel hob. Dann ließ sie sich hinuntergleiten und war nicht mehr zu sehen.

»Kluges Tier!«, sagte James. Er schaute auf seine Uhr. »Es ist Viertel vor neun«, ermahnte er Mandy.

Sie verabschiedeten sich eilig von Mrs. Williams und rannten hinaus durch den Garten und über den Schulhof. Ein starker Wind trieb weiße Blütenblätter quer über den Teer. »Was denkst du?«, fragte James und blieb stehen, bevor sie unter dem großen Steinbogen des Haupteingangs durchgingen.

»Oh, Walton ist bald wieder okay«, sagte Mandy. »Sie darf sich nur nicht überanstrengen.« Sie rückte sich die Schultasche auf der Schulter zurecht und wischte sich ein paar Katzenhaare von dem marineblauen Rock. »Aber bei den Jungen bin ich mir im Moment nicht so sicher.«

Mandy wollte James nicht erschrecken, aber sie glaubte, dass die Katze vielleicht bald keine Milch mehr hatte. Das geschah manchmal, wenn die Mutter schwach war. In diesem Fall würden die winzigen Dinger verhungern. »Wir werden abwarten müssen. Vielleicht kann Walton sie doch weiterhin selbst säugen.«

»Und wenn nicht?«, wollte James wissen.

Mandy dachte daran, wie die Kätzchen langsam die Augen öffneten, ein immer flauschigeres Fell bekamen und versuchten aufzustehen. Bisher strauchelten sie immer noch und sackten wie Stoffpuppen in sich zusammen. Mandy konnte sie problemlos in einer Hand halten. »Na, dann müssen wir sie eben selbst füttern«, sagte sie.

Den ganzen Morgen machte sich Mandy Sorgen um die Jungen. Da war die alte Sorge, in weniger als einer Woche ein vorübergehendes Zuhause für die ganze Katzenfamilie und vier gute Plätze für später zu finden, und die neue Sorge, die sie nicht einmal James eingestehen wollte, die ihr aber keine Ruhe ließ. Walton war von der Geburt erschöpft. Das Leben der Kätzchen hing an einem seidenen Faden. Und diese Sorge quälte Mandy immer noch, als sie sich zusammen mit Kate und Melanie mit ihrem Lunchpaket zum Essen niederließ. Würden sie überhaupt ein Zuhause für die Jungen finden müssen? Würden die armen kleinen Dinger überhaupt überleben?

4. Kapitel

Mandy beschloss, dass die beste Antwort auf ihre Frage ein lautes »Ja« war! Du musst immer nur »Ja« denken, sonst macht dich das Leben fertig, sagte sie sich. Nötigenfalls würden sie und James die Kätzchen von Hand aufziehen. Also würde sie sich noch mehr Mühe als bisher geben, ein Zuhause für sie zu finden.

Gleich nach der Schule fütterten sie und James Walton und die kleine Kätzchenbande, dann radelten sie zurück zur Tierklinik. »Wir müssen mehr Suchzettel schreiben!«, verkündete Mandy. Sie ging mit James nach oben und suchte unter ihrem Bett nach etwas rosa Leuchtpappe, die sie dort vor Weihnachten verstaut hatte. »Dann sind wir sicher, dass wirklich jeder in Welford einen liest.«

Sie arbeitete gern in ihrem Zimmer. Es war eine Galerie mit Tierpostern. Pferde und Kaninchen, Hunde und Katzen blickten von ihren Wänden herab. Dazwischen war kaum ein Zentimeter Tapete zu sehen, genau wie es Mandy gefiel. Mandy und James knieten sich auf den Boden, um kleine Rechtecke aus rosa Pappe zurechtzuschneiden. Sie nahmen dicke schwarze Filzstifte und begannen Anzeigen zu entwerfen. »Wo wollen wir sie aufhängen?«, fragte James.

»Pst, ich denke nach!«, sagte Mandy. Sie suchte nach Worten, die ins Auge sprangen, um das Interesse der Leute zu wecken. Schließlich schrieb sie in dicken Großbuchstaben:

KÄTZCHEN IN DER KÜCHE
bringen Liebe in Ihr Leben.
Kätzchen sind anschmiegsame Hausgenossen.
Nehmen Sie ein Kätzchen auf.
Rufen Sie Welford 703267 an.

Das war eingängiger als die Mitteilung ihres Großvaters. Mandy war zufrieden, als sie sich zurücklehnte, um die Wirkung zu begutachten, während James seine weitaus nüchternere Anzeige beendete:

GUTE PLÄTZE FÜR VIER KÄTZCHEN
GESUCHT!
Denken Sie daran, Haustiere hat man fürs Leben!
Außerdem suchen wir jemanden, der eine Katzenmutter mit Jungen für ein paar Wochen bei sich aufnimmt.
Interessenten bitte Welford 703267 anrufen.

»Ich könnte diese hier an eurem Brett in der Aufnahme aufhängen«, schlug er vor.

Mandy nickte. »Gute Idee. Lass uns hinuntergehen und Jean fragen, bevor sie für heute Schluss macht.« Sie wusste, dass Jean immer genau wissen wollte, was an das schwarze Brett am Empfang kam.

Sie gingen nach unten und durch die Tierklinik. Jean hatte den Terminkalender geschlossen und suchte ihre Autoschlüssel. Sie arbeitete seit fünf Jahren am Empfang und verlegte ständig ihre Autoschlüssel. Mandy kannte alle Plätze, an denen sie sein konnten. Sie machte sich daran, Jean bei der Suche zu helfen.

»Hier sind sie!« Mandy hob den blauen Terminkalender hoch und gab Jean die Schlüssel.

»Oh, ich Dussel!«, sagte Jean wie üblich. Sie trug ihre Brille an einer Silberkette um den Hals und trotzdem gelang es ihr zu vergessen, wo sie sie hatte.

James versuchte ein Lächeln zu unterdrücken. »Dürfen wir einen Zettel an Ihr Brett hängen?«, fragte er.

Jean nahm das Blatt Papier, suchte nach ihrer Brille, fand sie vor ihrer Brust hängend und las den Text. »Das sieht gut aus. Sucht euch einfach einen Platz da drüben neben all den anderen«, sagte sie.

»Den anderen?« James schaute Mandy an. Sie gingen schnell zum Brett hinüber. In der unteren Ecke befanden sich mindestens sechs weitere Anzeigen, in denen ein Zuhause für Tiere gesucht wurde.

»Nur drei davon sind für Kätzchen«, sagte James. »Zwei sind für junge Hunde, eine für ein Pony.«

Mandy zählte rasch zusammen. »Ja, aber das sind insgesamt trotzdem vierzehn Kätzchen, die ein Zuhause brauchen! Vierzehn Kätzchen in einem winzigen Ort wie Welford.«

»Los, macht schon!«, sagte Jean. Sie war damit beschäftigt, Schränke, Fenster, Schubladen und was sonst noch offen stand, zu schließen. »Ich möchte den Laden dichtmachen!«

Mandy und James schauten wieder auf die Zettel und versuchten den Mut nicht sinken zu lassen. »Unsere Anzeige ist am auffälligsten!«, sagte James. »Und sie hängt am besten Platz!«

Mandy stimmte ihm zu. »Ich habe noch eine Idee.«

Mit der zweiten rosa Anzeige in der Hand rannten sie Jean voraus, packten ihre Fahrräder und fuhren die Zufahrt hinauf und ins Dorf hinunter. »Es ist Freitag. Oma spielt heute Federball!« Sie radelten an der Poststelle vorbei zum Gemeindehaus.

»Und?« James überholte Mandy. Sein Fußballtraining kam ihm in puncto Ausdauer zugute. Sie fuhren auf das Gemeindehaus zu, das ein Stück weit weg von der Straße stand, gleich neben der Kirche.

»Am Eingang haben sie ein Anschlagbrett vom Frauenbund«, erinnerte Mandy ihren Freund.

»Stimmt.« James nickte und radelte weiter. Abgesehen von dem Federballclub am Freitagabend kamen viele weichherzige Damen in das Gemeindehaus, um Blumen zu arrangieren oder Tortenguss zuzubereiten. Es war ein großartiger Platz für ihre Anzeige.

Sie stießen beinahe mit Miss Davy vom alten Schulhaus zusammen, die aus dem Gemeindehaus kam, einen Schläger in der Hand und das silbergraue Haar perfekt frisiert. Sie drehte sich um und rief mit schriller Stimme: »Dorothy, deine Enkeltochter!« Sie lächelte Mandy und James zu und setzte ihren Weg fort.

Die Großmutter erschien, mit rotem Kopf und außer Atem. Sie trug einen leuchtend türkisfarbenen Trainingsanzug. »Mandy!« Sie gab ihrer Enkelin einen flüchtigen Kuss auf die Wange. »Wie schön. Aber es steht dreizehn zu elf im letzten Satz. Ich habe nur eine Sekunde Zeit!«

»Entschuldige, Oma.« Mandy hielt ihre Anzeige hoch. »Können wir die in den Mitteilungskasten hängen?«

Mrs. Hope blickte sie mit zusammengekniffenen Augen an. »Oh, die Kätzchen? Ja, ja, natürlich. Gute Idee. Tschüss, Liebes!« Und sie rannte zurück, um ihr Spiel zu beenden.

Mandy öffnete die Glastür des Mitteilungskastens und machte Platz zwischen Listen für den Blumendienst in der Kirche, Pfadfinderparaden und einen Kartenabend. Sie steckte ihre Mitteilung sorgfältig in der Mitte fest, schloss die Tür, trat zurück und bewunderte das Ganze.

»Schon besser!«, sagte James.

Sie waren mit der Arbeit des Abends zufrieden, als sie sich endlich voneinander verabschiedeten und nach Hause fuhren.

Nach dem Abendessen führte Mr. Hope Mandy mit einem geheimnisvollen Lächeln im Gesicht in die Tierklinik. »Komm und sieh dir einen Neuzugang an«, forderte er sie auf.

In der Krankenstation stand nahe bei der Tür einer der durchsichtigen Käfige, die wie ein Katzenkorb aussahen, aber aus transparentem Kunststoff waren. Mr. Hope hob ihn hoch.

»Was ist das?« Mandy konnte das übliche Nest aus Zeitungspapier und einen zusammengerollten weichen grauen Lappen sehen, aber ein Tier konnte sie nirgends entdecken.

»Ein Eichhörnchen!«, sagte Mr. Hope. Eine kleine schwarze Nase lugte aus dem Zeitungspapier. »Ein Junges. Fünf Wochen alt.« Zwei große schwarze Augen erschienen, und plötzlich kam das Tier zum Vorschein, so groß wie ein Hamster, mit einem sehr langen Schwanz. Mr. Hope machte die Käfigtür auf und nahm es heraus. Er reichte Mandy das kleine graue Eichhörnchen.

»Oh!«, sagte sie. Vor Entzücken verschlug es ihr die Sprache. Sie spürte seine kleinen scharfen Krallen. Sie streichelte sein weiches graues Fell, während das Junge an ihrer Fingerspitze zu saugen versuchte. »Wo ist seine Mutter?«, fragte Mandy.

»Sie wurde überfahren.«

Mandy schluckte und verzog das Gesicht.

»Ja, ich weiß«, sagte ihr Vater und schaute sie an. »Und dieser kleine Kerl wäre gestorben, wenn ihn nicht jemand gefunden hätte.«

Mandy schüttelte den Kopf. Das Leben konnte so grausam sein.

»Du errätst nie, wer ihn hergebracht hat.«

»Wer?«

»Der alte Ernie Bell aus den Häuschen hinter dem Gasthaus ›Zum schlauen Fuchs‹.«

Mandy schaute erstaunt. Sie kannte Ernie Bell als einen mürrischen, schweigsamen alten Mann, der mit seiner Einkaufstasche die Straße hinunterschlurfte.

»Er kam herein und gab ihn ab. ›Hier, Frau Tierärztin‹, sagte er zu der armen Jean. ›Untersuchen Sie ihn mal, während ich in meinem Hinterhof einen Auslauf für ihn herrichte. In vierundzwanzig Stunden hole ich ihn wieder ab. Schauen Sie einfach nach, ob er in Ordnung ist!‹ Und da lässt er den kleinen Kerl bei Jean und stapft davon, um einen Auslauf aus Maschendraht zu bauen. Wer hätte das gedacht?« Ernie stand nicht in dem Ruf, ein Tierfreund zu sein. Mr. Hope setzte das Junge zurück in seinen Käfig.

»Wozu ist die Stoffrolle da, Pa?« Mandy beugte sich herunter, um das Eichhörnchen in seinem Käfig zu betrachten.

»Als Trost. Er kann sich an sie kuscheln. Tiere brauchen einen Mutterersatz, weißt du. Etwas, das ihnen die tote Mutter ersetzt.« Seine Stimme klang warm. Er legte einen Arm um Mandy.

»Womit fütterst du ihn?«

»Hiermit. Mit der Flaschennahrung, die wir verwaisten Kätzchen geben. Warum?«

Mandy schmiedete gerade neue Pläne für Waltons Nachwuchs. Sie nahm die Schachtel mit dem weißen Pulver und las die Zutatenliste und die Gebrauchsanweisung, die auf der Seite aufgedruckt waren. »Kann ich etwas davon von meinem Taschengeld für diese Woche kaufen?«, fragte sie.

»Für deine Schulkätzchen?« Mr. Hope nahm drei Schachteln aus dem Regal. »Komm, nimm sie. Du brauchst sie nicht zu bezahlen!«

Mandy lächelte. »Walton ist im Moment ein bisschen schwach. Wir müssen ihr helfen, damit ihre Jungen genug Nahrung bekommen.«

»Nun, dieses Zeug ist viel besser als Kuhmilch«, sagte Mr. Hope und gab ihr noch eine Schachtel. »Misch es mit kochendem Wasser und benutze diese kleinen Flaschen mit Gummisaugern. An denen können die Kätzchen richtig nuckeln. Natürlich ist alles steril.«

»Wie oft muss man füttern?« Mandy war natürlich klar, dass es eine Methode gab, wie man es richtig machte. Davon hing das Leben der Kätzchen ab.

»In der ersten Woche alle zwei bis drei Stunden.« Mandy schluckte.

»Seltener, wenn die Katzenmutter selbst noch Milch hat, zum Beispiel während der Nacht.«

»Ich glaube, sie hat noch Milch. Sie ist nur sehr klein und erschöpft.« Mandy war immer noch entschlossen, nur das Beste anzunehmen.

»Dann reicht es, das Zeug viermal am Tag zu geben. Zum Frühstück, Mittagessen, Kaffee und Abendessen.« Mr. Hope warf einen Blick auf Mandys ernstes Gesicht. »Du wirst ordentlich zu tun haben«, sagte er. »Hast du bei der Suche nach guten Plätzen schon Glück gehabt?«

»Noch nicht.« Sie beugte sich nachdenklich hinunter zu dem jungen Eichhörnchen im Käfig. »Wird Mr. Bell ihn irgendwann wieder freilassen, draußen im Wald?«

Mandys Vater schüttelte den Kopf. »Das darf er nicht. Das ist verboten, fürchte ich. Weil das Tier jetzt in freier Natur nicht mehr überleben könnte. Armer kleiner Kerl, wie es scheint, muss er den Rest seines Lebens mit Ernies Hinterhof vorlieb nehmen!«

Mandy nickte.

»Keine Sorge, es gibt Schlimmeres«, sagte Mr. Hope.

»Oh, ich weiß.« Aber Mandy war immer noch bedrückt, als sie mit der Spezialnahrung für die Kätzchen zur Schule hinüberradelte. Gewiss, wie Ernie dem kleinen Eichhörnchen, gab auch sie den Kätzchen eine Chance zu überleben. Doch würde es ohne ein Zuhause ein lebenswertes Leben sein?

Während sie fuhr, betete sie, dass die Anschläge in der Poststelle, in der Tierklinik und im Gemeindehaus ihren Zweck erfüllen würden. Außerdem überlegte sie, ob sie Mr. Williams überreden konnte, ihnen ein bisschen mehr Zeit zu geben. Eine Woche war so kurz! Sie lehnte ihr Fahrrad gegen die Hecke und ging die Stufen hinauf in die Küche des Hausmeisters.

Sobald Walton zufrieden fraß, zeigte Mandy Mrs. Williams die neuen Sachen für Smoky, Patch, Amy und Eric. Zu ihrer Überraschung bot ihr die Frau des Hausmeisters tatsächlich Hilfe an. »Sag das bloß nicht meinem Mann!« Sie presste ihre dünnen Lippen fest zusammen. »Das würde ihm gar nicht gefallen!« Sie nahm Amy aus dem Korb und legte sie samt einer Flasche bequem in ihre geblümte Schürze. »Armes kleines Ding!«, murmelte sie.

Mandy lächelte. »Es geht ihr gut. Schauen Sie, sie hat Hunger!«

Mrs Williams sah zufrieden zu, wie die Katze trank. »Du darfst meinem Eric nicht böse sein«, sagte sie in vertraulichem Ton zu Mandy. »Ich weiß, er muss auf dich wie ein missmutiger alter Quälgeist wirken, aber er ist eigentlich gar nicht so schlimm.«

»Sicher.« Mandy versuchte es zu glauben. Alles, woran sie denken konnte, waren Mr. Williams' große Stiefel und seine laute Stimme. Hände so groß wie Schaufeln. Ein Temperament wie ein Vulkan.

»Du hältst ihn wahrscheinlich für einen sturen alten Esel.«

»Nein!« Mandy wusste, dass sie nicht überzeugend klang.

»Doch!« Mrs. Williams sah das Kätzchen auf ihrem Schoß an. »Doch, das tust du. Aber er liebt seinen Garten!« Sie beugte sich zu Mandy hinunter. »Weißt du, da draußen auf der Veranda hat er eine Plastikflasche mit Wasser. Wenn irgendwo eine Katze seinen Rosen zu nahe kommt und es aussieht, als wollte sie zu graben beginnen, ist Eric mit der Flasche draußen und spritzt nach ihr. Du solltest ihn mal hören, wenn er einen Volltreffer landet!«

»Eine nasse Katze!« Mandy fiel in das Gelächter ein. »Ich habe mir überlegt, ob er uns vielleicht etwas mehr als eine Woche gibt«, sagte sie. »Selbst wenn wir ein Zuhause für die Kätzchen finden, muss sich Walton noch eine ganze Weile um sie kümmern. Je weniger wir sie stören müssen, desto besser.« Sie schaute Mrs. Williams flehentlich an. »Vielleicht könnten Sie ihn überreden?«

»Du gibst wohl nie auf!«, sagte Mrs. Williams. Aber

sie schüttelte den Kopf. »Nein, ich kenne Eric. Das ist für ihn beschlossene Sache!«

»Könnten Sie es nicht wenigstens versuchen?« Mandy war damit beschäftigt, Flaschen und Unterteller wegzuräumen.

Aber diesmal blieb Mrs. Williams hart. »Nein, das ist ihm gegenüber nicht fair. So wie es steht, kommt er nicht in seine eigene Küche. Ich weiß, ich weiß«, unterbrach sie Mandys Protest, »es ist unvernünftig. Aber Eric ist nicht immer vernünftig. Wer ist das schon? Ich werde dir noch etwas sagen. Eric hat oft Schmerzen, wenn er sich bückt und hinkniet und so. Arthritis. In den Knien. Sehr schmerzhaft.« Sie senkte ihre Stimme. »Um dir die Wahrheit zu sagen, wir reden nicht darüber, damit der Schule nichts zu Ohren kommt. Er hat Angst um seine Stelle!«

Mandy nickte. Auf einmal schien Mr. Williams doch noch menschlich zu werden. »Es tut mir Leid.«

»Aber verrate niemandem, dass ich es dir erzählt habe«, bat Mrs. Williams sie. Sie standen draußen auf der Veranda. Walton saß auf dem Rand des Wäschekorbes und putzte sich. »Heute Abend ist er beim Pfeilwerfen. Das muntert ihn auf.« Mrs. Williams starrte zu den Wölkchen am Himmel empor. »Aber Eric hat viele Sorgen. Die Arbeit, das Haus, alles. Und die Schmerzen natürlich. Ich kann ihn nicht einmal dazu bringen, zum Arzt zu gehen.« Sie warf Mandy einen Blick zu. »Also du verstehst, dass ich ihn nicht um noch mehr bitten kann, oder? Er hat bereits genug getan.«

Mandy stimmte ihr zu und lächelte traurig. Langsam radelte sie heimwärts. Sie verstand nun Mr. Williams' schlechte Laune besser, gewiss. Aber das hielt die Uhr nicht an. Die Zeit lief unaufhaltsam davon. Es blieben ihnen nur noch fünf Tage!

5. Kapitel

»Hallo, ist da Welford 703267?«, fragte die Stimme einer Frau.

»Ja!«, rief Mandy aufgeregt, dann senkte sie ihre Stimme und sprach in den Telefonhörer. »Ja, hier ist Welford 703267.« Sie hielt den Atem an. »Wer spricht da bitte?« Mit dem Daumen nach oben machte sie ihrer Mutter ein hoffnungsvolles Zeichen.

»Hallo?« Die Stimme klang schüchtern und vorsichtig. Es entstand eine lange Pause.

»Hallo, hier ist Amanda Hope. Wer spricht dort bitte?« In gespielter Verzweiflung sah Mandy ihre Mutter an.

»Hallo, ich möchte Welford 703267 haben.« Die Stimme klang merkwürdig, als wäre sie nicht ans Telefonieren gewöhnt.

»Kann ich Ihnen helfen?«, sagte Mandy ruhig. Was

ging hier vor? Ihre Mutter hatte den Abwasch unterbrochen und versuchte mitzuhören.

»Hast du einen Zettel in der Poststelle aufgehängt?«, fragte die Frau am anderen Ende der Leitung. »Bist du diejenige mit den Kätzchen?«

»Bin ich!«, sagte Mandy mit einem Grinsen. »Ich nehme an, dass Sie ein Kätzchen suchen?« Mrs. Hope zwinkerte und wandte sich wieder dem Frühstücksgeschirr zu.

Es entstand eine lange Pause. »Mein Name ist Miss Marjorie Spry. Ich wohne in der Villa Riddings. Bitte komm genau um zwei Uhr zu mir.«

Dann war die Verbindung unterbrochen.

»Na?«, fragte Mrs. Hope.

Erleichterung erfasste Mandy, als sie begriff, dass ihr Plan zu funktionieren begann. Es war erst Samstagmorgen neun Uhr und sie hatten bereits einen Anruf erhalten! »Ja!«, rief sie und sprang vor Freude fast in die Luft. »Ich gehe und erzähle es Opa!«

»Mandy, was ist, wenn noch weitere Anrufe kommen?« Mrs. Hope trocknete sich die Hände ab, während sie ihr hinausfolgte.

»Notier die Nummern auf dem Block da, ja, bitte, Ma? Ich bin so aufgeregt, ich kann es kaum erwarten!« Ohne Jacke stürzte Mandy die Straße hinauf. Es nieselte, aber das war ihr egal.

Ihre Großeltern stapelten gerade Suppendosen in den winzigen Schrank ihres Wohnmobils. »Tomatensuppe, Gemüsesuppe, Hühnercremesuppe!« Ihre Großmutter reichte sie ihrem Großvater empor und hakte sie auf ihrer Liste ab.

»Dosenöffner?« Ihr Großvater streckte seinen Kopf aus der Schiebetür. Er sah Mandy. »Hallo, Liebes!«

»Es hat funktioniert! Es hat funktioniert!«, begrüßte Mandy ihre Großeltern. »Deine geniale Anzeige, Opa, sie hat funktioniert!«

Er rieb sich die Hände. Mandys Großeltern standen in ihren Zopfpullovern im Partnerlook da, während der Nieselregen ihr graues Haar benetzte. »Tatsächlich? Es hat sich also jemand bei dir gemeldet?«

»Natürlich hat sich jemand bei ihr gemeldet, nicht wahr, Mandy?«, fiel ihre Großmutter ein. »Kommt herein. Wir werden ja alle nass.«

»Also, wer ist es?«, fragte ihr Großvater, während er den Wasserkessel aufsetzte. »Jemand, den wir kennen?«

»Es ist eine Frau namens Spy. Nein, Spry. Genau. Miss Marjorie Spry!«

Die Großmutter schloss die Küchentür fest und streifte sich die Füße ab. Sie neigte den Kopf zur Seite. »In der Villa Riddings, nicht wahr?«

»Ja, in der Villa Riddings. Warum, was ist los? Kennst du sie?«

Ihre Großmutter richtete sich auf und fuhrwerkte mit Tassen und Untertellern herum. »Ja. Sie lebt in dem großen Haus unten in der Waltoner Straße. Das, das etwas abseits der Straße liegt. Du weißt schon, das große alte Haus!«

»Ich weiß!«, sagte Mandy. Sie kam jeden Tag auf dem

Weg zur Schule daran vorbei. Es lag weitab vom Verkehr der Straße und hatte einen riesigen Garten mit großen Rasenflächen. Für eine Katze der perfekte Platz! »Sie will, dass ich sie heute Nachmittag um zwei dort besuche.«

»Oh, wirklich?«, sagte ihre Großmutter. »Das muss ich mir ja rot im Kalender anstreichen!«

»Warum? Was meinst du damit?« Mandy platzte beinahe vor Ungeduld. »Ich dachte, ihr würdet euch freuen!«

»Das tun wir, Liebes«, beschwichtigte sie ihr Großvater.

»Normalerweise wollen die Sprys nichts von Besuchern wissen, das ist alles«, erklärte die Großmutter. »Tatsächlich glaube ich, dass der letzte Mensch, den sie über ihre Schwelle ließen, Mr. Lovejoy war, der alte Vikar, Mr. Walters' Vorgänger, und das muss über fünf Jahre her sein!«

»Nein!« Das konnte Mandy nicht glauben.

»Doch. Als ihr Vater starb, haben sich die beiden Schwestern in eine Art Winterschlaf begeben. Das stimmt wirklich!«, beteuerte die Großmutter. »Aber das spielt in deinem Fall wohl keine Rolle. Wenn dich Miss Marjorie Spry um zwei Uhr wegen eines Kätzchens sehen möchte, gehst du hin und triffst dich mit ihr.« Sie tätschelte Mandys Hand. »Sie sind harmlos. Ein bisschen seltsam, aber völlig harmlos.«

»Auf jeden Fall ist es besser, sich die Plätze anzusehen, bevor du deine kostbaren Kätzchen in die Hände der neuen Besitzer gibst«, räumte der Großvater ein. »Du musst dich überzeugen, dass sie geeignet sind!«

Mandy nickte, aber sie wollte sich nicht ihre Zuversicht nehmen lassen.

»Nimm jemanden mit«, schlug ihr Großvater vor. »Einfach, um ganz sicher zu sein.«

»James kommt mit«, sagte Mandy. Sie hob einen Karton voll mit Brot, Cornflakes, Milch und Margarine hoch. »Wo soll ich die Sachen hinstellen?«

Gemeinsam packten sie für den »großen Testlauf«, wie ihr Großvater es nannte, fertig. Er meinte damit ihren ersten Ausflug in ihrem neuen Wohnmobil. Schließlich hatten sie es geschafft.

»Karte?«, sagte der Großvater und kletterte auf den Fahrersitz.

»Karte!« Die Großmutter nahm sie von der Beifahrerablage.

Er schaltete die Scheibenwischer an. »Gummistiefel, Regenumhänge, Regenhüte?«

Die Großmutter gab ihm einen Klaps mit der Karte. »Fertig?«, lachte sie. Sie winkten Mandy zu. »Auf ans sonnige Meer!«, rief die Großmutter.

Mandy beobachtete, wie sie im Nieselregen verschwanden. Es blieben noch vier Stunden bis zum Besuch in der Villa Riddings. Sie würde James anrufen und einen Treffpunkt mit ihm vereinbaren, dann den Morgen mit kleinen Arbeiten in der Tierklinik verbringen und natürlich hinüberradeln, um Walton und die Jungen zu füttern.

Endlich war es zwei Uhr. Der Rasen vor der Villa Riddings war so groß und gepflegt wie ein Kricketplatz. James und Mandy beschlossen ihre Fahrräder am Tor zurückzulassen.

»Ich möchte wissen, wer diesen Rasen mäht!«, sagte James. Der Rasen hatte ordentliche helle und dunkle Streifen. Die Ränder waren sauber gestutzt.

»Ich!«, knurrte sie ein uralter Mann in Cordhosen hinter einer Lorbeerhecke an. Sein Rücken war völlig krumm, wahrscheinlich vom jahrelangen Schneiden der Kanten riesiger Rasenflächen, mutmaßte Mandy. »Ihr kommt wegen des Kätzchens?«, knurrte er wieder.

Sie nickten.

»Miss Marjorie hat mir Bescheid gesagt. ›Geoffrey‹, sagte sie, ›begleite dieses Mädchen zum Eingang!‹ Also befolge ich die Anweisung. Hier entlang!« Schwerfällig ging er vor ihnen den Kiesweg hinauf.

Das steinerne Haus war so groß wie ein Hotel, mit spitzen Türmen an jeder Ecke und Zinnen auf dem Dach. Es war mit Efeu überwachsen. Obwohl sie jeden Tag daran vorbeikamen, konnten James und Mandy ehrlich sagen, dass sie es niemals zuvor wirklich beachtet hatten. Es hatte bogenförmige Fenster, Steinsäulen und eine gewaltige Treppe, die zu der breiten Eingangstür führte. »Wie eine Kulisse für einen Horrorfilm!«, flüsterte Mandy nervös.

Ganz unerwartet verabschiedete sich Geoffrey von ihnen. »Weiter gehe ich nie. Läutet dreimal«, sagte er. »Schön laut, versteht ihr. Vielleicht müsst ihr warten.«

Und dann ging er fort, gebückt und brummelnd, um den Rasen zu scheren.

Sie schauten sich an und zuckten die Achseln, dann läutete James. Stille. Er läutete wieder. Und wieder. Endlich begann jemand auf der anderen Seite der gewaltigen Tür mit den Schlössern zu klappern. »Moment!«, befahl eine dünne Stimme.

»Was glauben Sie denn, was wir machen?«, flüsterte James und versuchte ein Lachen zu unterdrücken.

»Pst!«, sagte Mandy. Sie mussten ihr bestes Benehmen an den Tag legen.

Doch selbst Mandy konnte nicht verhindern, dass ihr vor Erstaunen die Kinnlade herunterfiel, als sich die Tür schließlich quietschend öffnete.

Der Flur, der die Größe eines Ballsaales hatte, war ganz in rosa Marmor gehalten und hatte eine dunkle Holztäfelung und kristallene Kronleuchter. Aber während langer Jahre der Vernachlässigung waren Wände und Decke matt und grau geworden. Was einmal großartig wie im Märchen gewesen war, war nun verfallen.

»Ja?« Vor ihnen stand eine Dame. Ihre dürren Arme und Beine ragten aus einem mottenzerfressenen cremefarbenen Seidenmorgenrock heraus. Sie spähte zu ihnen hinaus wie eine Fledermaus ins Licht.

»Miss Spry?«, fragte Mandy unsicher. Eine laute Stimme hätte die alte Dame zu Tode erschreckt, da war sie sich sicher.

»Ja!« Die Frau blinzelte mit ihren wässrigen grauen

Augen. Mit einer knochigen Hand umklammerte sie den Ausschnitt ihres Morgenrocks. »Wir empfangen keine Besucher!«, krächzte sie.

Mandys Großmutter hatte Recht gehabt. Hier war seit Jahren niemand mehr hergekommen. Die Vorhänge waren zugezogen, um das Tageslicht abzuschirmen.

Auf den Fensterbänken drängten sich unzählige alte blau-weiße Porzellanfiguren. In Regalen türmten sich große Haufen vergilbter Zeitungen. »Miss Marjorie Spry?«, wiederholte Mandy und ihr Herz sank, als sie das Durcheinander sah.

»Joan! Joan!«, schrie die Frau schrill. Sie wollte die Tür vor Mandys Nase wieder zumachen, aber die Tür war groß und sehr schwer. Mandy und James sahen die Gestalt einer anderen dünnen, kleinen Frau die Treppe hinuntereilen.

»Kommt herein, kommt herein«, befahl dieses zweite Wesen mit dünner Stimme. Sie winkte sie heran, während sie durch die Halle auf sie zulief. »Sie kommen wegen des Kätzchens, Joan. Also mach sofort die Tür auf!«

Und da standen sie, die zwei Damen, dünn wie Bohnenstangen, mit wildem Haar und identischen Seidenmänteln. Sie hatten die gleichen kantigen Gesichter. Ihre Bewegungen waren genau die gleichen und ihre Stimmen schienen sich gegenseitig nachzuäffen. Eineiige Zwillinge! Miss Joan und Miss Marjorie Spry!

»Wir wollen keine Besucher!«, wiederholte Miss Joan mit einem vogelartigen Zucken ihres Kopfes.

»Doch, wollen wir. Ich habe sie hergebeten!«, verkündete Miss Marjorie. »Ich möchte ein Kätzchen für dieses entsetzliche alte Haus. Ich möchte hier etwas Leben hereinbringen!«

Miss Joan starrte ihre Schwester schweigend an. Ihr Hand blieb bereit, die Tür zuzuschlagen.

»Ich möchte das, Joan! Ich bin es leid, in diesem alten Museum von Haus zu leben. Ich möchte etwas Leben um mich haben! Wir sind doch noch nicht alt, Joan. Lass uns einen neuen Anfang machen!«, bat Miss Marjorie flehentlich. »Schau, dieses Mädchen hat Kätzchen zu verschenken. So lass sie doch herein!«

Endlich wich Miss Joan zur Seite. Fasziniert traten Mandy und James ein. Es schien ihnen, als würden sie sich tatsächlich in die Vergangenheit begeben, in eine Art Gefängnis. Hinter ihnen ließ Miss Joan die Tür mit einem dumpfen, lang gezogenen Geräusch ins Schloss fallen. »Was für Kätzchen?«, verlangte sie zu wissen. Sie sah ihre Schwester an. »Ich weiß nichts von einem Kätzchen!«

»Ich habe es dir erzählt!«, fauchte Miss Marjorie. »Die Anzeige in der Poststelle. Welford 703267!«

»Aber ich mag Katzen nicht!«, protestierte Miss Joan. »Das weißt du!«

Mandy sah zwischen den beiden Streithähnen hin und her und spürte, wie sie der Mut verließ. Miss Joan würde niemals nachgeben. Doch wer würde auch schon ein Kätzchen an einem Ort lassen, an dem es nicht jeder im Haus hundertprozentig wollte? Sie sah James an und wusste, dass er das Gleiche dachte. Sie seufzten beide.

Sie beobachteten, wie Miss Marjorie immer ärgerlicher wurde. »Woher willst du wissen, dass du keine Katzen magst?« Ihre Augen schienen Funken zu sprühen. »Hast du schon mal eine gehabt? Hast du jemals in deinem ganzen Leben eine Katze besessen? Hast du das? Hast du das?«

Sie wandte sich zu James und Mandy, glühend vor Zorn. »Ich *mag* Katzen! Und Joan mag Katzen auch, selbst wenn sie das Gegenteil behauptet! Sie sagt das nur, um Ärger zu machen. Jawohl!«, fauchte sie ihre Zwillingsschwester an. »Sie ist eine Spielverderberin. Weil es meine Idee war, ein Kätzchen zu nehmen, damit wieder Leben in dieses Haus kommt. Sie sagt zu allen meinen Vorschlägen Nein!« Sie weinte beinahe vor Wut.

Die beiden klein gewachsenen Zwillinge standen sich wie Fliegengewichtsboxer Auge in Auge gegenüber.

»Davon abgesehen bin ich der ältere Zwilling!«, sagte Miss Marjorie von oben herab. »Und mein Entschluss steht fest. Hört nicht auf sie, Kinder!«

»Also, die Kätzchen sind im Moment noch sehr klein«, begann Mandy zu erklären. »Wir versuchen nur, geeignete Plätze für später zu finden, verstehen Sie.« Sie zweifelte immer noch daran, dass dies der geeignete Ort für eines ihrer kostbaren Kätzchen war. Von einem ruhigen vorübergehenden Platz für die ganze Katzenfamilie ganz zu schweigen.

»Wo ist es?« Die ältere Zwillingsschwester begann an Mandy und James herumzutasten, als sei Amy vielleicht in einer ihrer Taschen versteckt.

»Es ist noch bei seiner Mutter. Wir beginnen uns gerade umzuschauen, wie ich schon sagte.«

»Nicht hier? Ihr habt es nicht mitgebracht?«, sagte Miss Marjorie schrill.

»Ha, ha, ha!«, schrie Miss Joan. Entzückt vollführte sie einen kleinen Tanz. »Ha, ha, ha!«

Miss Marjories bisschen Geduld war endgültig zu Ende. »Ruhe!«, brüllte sie. Sie nahm einen alten schwarzen Regenschirm aus dem Ständer und schleuderte ihn wie einen Speer nach ihrer lärmenden Schwester. Sie verfehlte sie um ein gutes Stück, doch Miss Joan erstarrte auf der Stelle. Dann schnappte sie sich eine Zeitung aus einem Regal und rollte sie wie einen Baseballschläger zusammen. James und Mandy standen mit offenem Mund da. Wer würde ihnen das jemals glauben?

»Joan!«, sagte Miss Marjorie warnend.

»Du hast zuerst nach mir geworfen!«, konterte Miss Joan.

»Raus hier!«, schrie Miss Marjorie. »Raus hier, raus hier!«

James und Mandy wussten nicht, ob sie oder die Schwester gemeint waren. Es herrschte vollkommenes Chaos. Nur einer Sache wurde sich Mandy immer sicherer: Dies war kein Platz für die kleine Amy.

Und als Miss Joan in ihrer Schadenfreude die zusammengerollte Zeitung hob und Miss Marjorie von der Halle in die Bibliothek, die auf der Vorderseite des Hauses lag, zu jagen begann, waren Mandys letzte Zweifel verschwunden. Um zu verhindern, dass sich die beiden verletzten, eilten Mandy und James verzweifelt hinterher.

Dann blieb Mandy wie angewurzelt stehen. Die Bibliothek war vom Boden bis zur Decke mit alten Büchern voll gestopft. Doch auf den zahlreichen Tischen, die im Raum verteilt waren, standen dutzende Glasvitrinen. Und in den staubigen Vitrinen befanden sich, in der Bewegung erstarrt und perfekt konserviert, lauter ausgestopfte Tiere! Ein Reiher stand auf einem Bein, als würde er bis in alle Ewigkeit fischen. Ein Otter zeigte einem unsichtbaren Feind die Zähne. Eine Wildkatze starrte vorsichtig um sich, als wüsste sie, dass man im Begriff war, sie auszurotten. Mandy schrie auf. Sie schlug sich beide Hände vors Gesicht.

»Lass uns gehen!«, sagte James. Ausnahmsweise ergriff er die Initiative. Er packte ihre Hand und lief los, zurück durch die unordentliche Eingangshalle. Sie drehten sich nicht einmal um, um zu sehen, ob sie verfolgt wurden. Sie rannten nur.

»He, ihr beiden!«, rief Miss Marjorie.

Doch sie legten die Strecke zum Tor in Rekordzeit zurück und achteten bei ihrer Flucht nicht auf den grinsenden Gärtner. Draußen vor dem Tor blieben sie stehen, um Luft zu holen. »Und?«, sagte James keuchend.

»Ungeeignet«, sagte Mandy, den Tränen nahe. Die Tür war nun geschlossen, der Efeu bedeckte immer noch die Mauern. Das Haus schien verlassen und düster. Es würden wohl weitere fünf Jahre vergehen, bis jemand wagte, es zu stören.

»Finde ich auch.« Sie waren beide zu durcheinander, um einen klaren Gedanken zu fassen.

Aber sie mussten hinüberradeln und in der Küche der

Williams' nach dem Rechten sehen. Sie fütterten die Kätzchen und fuhren heim, wo Mandys Mutter Neuigkeiten für sie hatte.

Mrs. Hope lächelte ihnen über den Behandlungstisch hinweg zu, wo sie Snap, dem Terrier, seine letzte Spritze gab. »Eine Mrs. Parker Smythe hat angerufen«, sagte sie. »Sie sagte, sie sei an einem der Kätzchen interessiert!«

6. Kapitel

Am nächsten Tag war Mandy frühzeitig auf. Sie hatte ihre Arbeiten erledigt, war hinübergefahren, um Walton zu füttern, und wieder zurück, noch bevor ihre Mutter das Frühstück beendet hatte.

»Ich bringe dich mit dem Auto zu den Parker Smythes, wenn du willst«, erbot sich Mrs. Hope. »Die Verabredung ist um neun Uhr dreißig.« Es war der einzige Telefonanruf wegen der Kätzchen seit der Katastrophe mit Miss Spry. Daher war Mandy froh, dass ihre Mutter mitkam, um ihr moralische Unterstützung zu geben.

»Es ist ein ganzes Stück außerhalb des Dorfes, oben bei dem alten keltischen Kreuz.« Mrs. Hope öffnete die Beifahrertür ihres großen Geländewagens. »Einsteigen«, sagte sie. »Müssen wir James auch abholen?«

»Nein. Er kam vorhin, um die Kätzchen zu füttern,

aber er hat heute ein Fußballspiel und seine Mutter hat gesagt, dass er mit Blackie einen besonders langen Spaziergang machen soll, deshalb kann er nicht kommen.«

»Haben die Hunters ihren Kater immer noch?« Mrs. Hope legte ihren Sicherheitsgurt an.

»Benji? Ja, natürlich. Warum?«

»Er wird langsam alt, das ist alles.«

Sie fuhren die Hauptstraße entlang, die aus Welford hinausführte. Bald tauchte ein steiler Hügel vor ihnen auf. Auf seinem Gipfel befand sich ein keltisches Kreuz, das von überall her meilenweit zu sehen war.

»Ich nehme an, James muss sich immer noch von dem gestrigen Tag erholen?«, sagte Mrs. Hope, die Augen unverwandt auf die vor ihnen liegende Straße gerichtet. Sie schaltete rasch herunter.

Mandy nickte. »Das müssen wir beide.« Mandy konnte so leicht nichts erschüttern, doch die Spry-Schwestern hatten sogar sie aus der Fassung gebracht. Mandy war davon überzeugt, dass niemand in der Gegend weniger zimperlich war als sie. Sie hatte zugesehen, wie Mägen, Därme, Beine und Herzen operiert wurden. Aber sie erschauerte, wenn sie an die armen ausgestopften Wesen in der Bibliothek der Villa Riddings dachte. Mit Glasaugen und von dickem Staub bedeckt.

»Du darfst nicht vergessen, dass das vor hundert Jahren Mode war. Die meisten Leute haben diese Glasvitrinen mit Vögeln und anderen Tieren inzwischen weggeworfen. Aber nimm es den Zwillingen nicht zu übel.

Arme Dinger.« Mrs. Hope sprach ruhig. Sie schob sich eine lose Haarsträhne hinters Ohr.

»Stimmt«, pflichtete Mandy ihr bei. »Tiere sehen lebendig und in der Natur tausendmal schöner aus als ausgestopft in irgendeinem bescheuerten Kasten!«

»Ich habe die Schwestern gemeint!« Ihre Mutter warf ihr einen Blick zu. Die Landschaft begann nun eben zu werden. Sie konnten das Steinkreuz direkt vor sich sehen. »Sie wollen niemandem etwas zu Leide tun.«

»Was, diese zwei schrecklichen alten Schachteln! Es traut sich nie jemand in ihre Nähe, und sie tun nichts anderes als streiten!«

»Eben«, sagte Mrs. Hope sanft.

Und Mandy musste darüber nachdenken, bis sie vor einer hohen Weißdornhecke mit einem eisernen Flügeltor, das elektronisch gesteuert wurde, anhielten. »Villa am steinernen Kreuz« stand da in großen Goldbuchstaben geschrieben. Und »Parken verboten. Betreten des Grundstücks nicht gestattet.«

Mrs. Hope zog die Handbremse an. »Na, das hier sieht unkomplizierter aus.« Sie sprach in eine kleine Sicherheitsanlage am Torpfosten, dann öffnete sich das Tor wie von Zauberhand.

Mandy wandte sich um und genoss die weite Aussicht auf das Tal mit seinen sonderbar geformten, patchworkartigen Feldern, den verstreuten Farmen in den Hügeln, der Straße und dem Fluss, die unten im Tal parallel verliefen, und den zwei Hauptstraßen von Welford, die sich in der Ferne kreuzten.

Dann drehte sie sich wieder um und folgte ihrer Mutter die Auffahrt hinauf. Sie gingen zu Fuß durch einen kleinen Wald mit Blausternchen, hinauf zu dem großen weißen Haus.

»Was ist das?«, flüsterte Mandy. Sie zeigte auf eine ebene Teerfläche von der Größe eines Tennisplatzes, auf die große weiße Kreise gemalt waren. Es war aber kein Tennisplatz, denn der befand sich auf der anderen Seite, rechts vom Haus.

»Vielleicht ein Hubschrauberlandeplatz?«, mutmaßte Mrs. Hope. Sie klingelte.

Mandy schluckte. Eine sehr blonde, sehr elegante Frau öffnete die Tür. Sie trug eine weiße Bluse und eine weiße Hose, goldenen Ketten, Ringe und Armbänder. Reichlich viel Gold. Selbst auf ihren Schuhen waren Goldverzierungen aufgenäht.

Mandy spürte, wie ihre Mutter ihr einen kleinen Schubs gab, damit sie etwas sagte. »Mrs. Parker Smythe?«, fragte sie nervös.

Die Frau nickte. Nicht eine einzige blondierte Strähne ihrer perfekten Frisur wagte aus der Reihe zu tanzen. Ihr Lächeln offenbarte zwei Reihen vollkommen ebenmäßiger, vollkommen weißer Zähne, die zwischen glänzenden rosa Lippen hervorblitzten. »Komm herein!«, sagte sie, wie man es in todschicken Filmen hört, meistens mit »Liebling« am Ende.

Sie traten ein und die Frau schloss die Tür. »Hier entlang!«, sagte sie, ganz Zähne, Lippenstift und baumelndes Gold. Durch den weißen Flur mit italienischen Fliesen und Teppichen führte sie Mandy und ihre Mutter in die Küche. »Du bist gewiss Mandy? Du hast die hübsche rosa Anzeige im Gemeindehaus aufgehängt? Ich habe Pamela von den Pfadfindern abgeholt und da sahen wir deine Mitteilung!«, sagte sie begeistert.

Mandy nickte. Sie fand es schwierig, zu Wort zu kommen. Und überhaupt gab ihr die Küche das Gefühl, dass sie dort in ihren Jeans und ihrem T-Shirt und mit ihrer gewöhnlichen Stimme irgendwie fehl am Platze war. Diese Küche hatte überhaupt nichts gemein mit dem alten Kiefernholztisch und dem Steinboden in der Küche der Hopes. Hier standen überall glänzende blaue Glasschalen und weiße Geräte herum und nirgendwo waren Lebensmittel zu sehen.

Mrs. Parker Smythe schien Mandys Scheu nicht zu bemerken. »Pamela ist mein kleines Mädchen. Sie ist sieben!«, sagte sie stolz, als sei die Tatsache, dass Pamela sieben war, so, als hätte sie bei den Olympischen Spielen die Goldmedaille gewonnen.

»Und dies ist Ronald, mein Mann. Er arbeitet beim Satellitenfernsehen!«

Ein Mann kam herein, nickte und ging wieder hinaus. Er trug einen Pullover mit V-Ausschnitt im blassesten Gelb und rehbraune, karierte Hosen.

»Er geht zum Golfspielen«, sagte Mrs. Parker Smythe zu Mandy und ihrer Mutter. Sie vertraute ihnen ein weiteres Geheimnis an. »Mit Jason Shaw! Wissen Sie, Jason Shaw, dem Schauspieler! Sie sind sehr gute Freunde, Ronald und Jason!«

Mandy warf ihrer Mutter einen Blick zu, wagte aber nicht zu fragen: »Jason wer?«. Ihre Mutter blickte ruhig aus dem Fenster und versuchte nicht zu lächeln.

»Wir lernten Jason kennen, als er zum Filmen hierherkam, wissen Sie«, plapperte Mrs. Parker Smythe weiter. »Für eine Folge der Serie *Schwalben im Frühjahr*, letztes Jahr um diese Zeit. Sie benutzten unseren Swimmingpool!«

Mandy schluckte wieder. Sie konnte es nicht verhindern. Vielleicht war der freche kleine Smoky das richtige Kätzchen für die Parker Smythes. Der freche, übermütige Kerl. Er würde sie wieder auf die Erde zurückholen.

»Ja, unser Swimmingpool wurde als Schauplatz für den Film benutzt. Er stammt genau aus der Zeit, in der die Serie spielt. Und so kamen Jason und das Filmteam her. Auf diese Weise lernten wir uns kennen!«, schwatzte Mrs. Parker Smythe weiter. Sie schien den Grund ihres Besuches völlig vergessen zu haben.

»Wollten Sie ein Kätzchen für Ihre kleine Tochter?«, gelang es Mandy schließlich einzuwerfen. Mrs. Parker Smythe lief hin und her, als suche sie etwas.

»Ja, wir haben hier so viel Platz.« Mrs. Parker Smythe breitete ihre Arme aus und ihr Schmuck klimperte. »Und so einen großen Garten! Und natürlich haben wir draußen Überwachungskameras, sodass keine Gefahr besteht, dass das arme kleine Dingelchen sich verläuft.«

Mandy bemerkte, dass die Augenbrauen ihrer Mutter ein winziges Stück in die Höhe gingen.

»Und wenn wir in unserem Haus in der Toskana sind, haben wir immer noch Mrs. Bates, unsere Haushälterin, die kommen und nach dem Kätzchen schauen kann, es füttert und so weiter.« Mrs. Parker Smythe sah auf ihre goldene Uhr. »Würden Sie mich für einen Augenblick entschuldigen?« Sie stürzte fort, ihrem Mann hinterher.

»Ich möchte wissen, was er verloren hat«, flüsterte Mandy.

»Seinen Hubschrauber?«, vermutete ihre Mutter. Aber nein. Sie hörten, wie draußen auf dem Landeplatz riesige Rotorblätter zu surren begannen. Zweifellos war der Hubschrauber aus seinem Hangar herausgerollt und startklar gemacht worden.

Sie grinsten. Mandy entspannte sich etwas. »Was, wenn Smoky nicht herpasst, nur weil er eine einfache, gewöhnliche Katze ist?«

»Lass uns erst das kleine Mädchen kennen lernen, bevor wir eine Entscheidung treffen«, sagte Mrs. Hope.

Mandy nickte. Wieder einmal musste sie sich eingestehen, dass die Dinge nicht allzu viel versprechend aussahen.

»Oh, gut, Sie sind noch da!« Nach ein paar Minuten kam Mrs. Parker Smythe zurückgeschwebt. »Nun müssen Sie mitkommen. Kommen Sie und lernen Sie Pamela kennen!«

Sie führte sie aus der Küche hinaus und durch einen riesigen Wintergarten voll mit künstlichen Palmen und rosa geblümten Korbmöbeln. Aber dies war nur eine

Verbindung zum Glanzstück des Hauses, dem beheizten Hallenbad. Es war durch eine breite Doppeltür vom Wintergarten abgetrennt.

Der Beckenrand war blendend weiß und das Wasser tiefblau. An einem Ende befand sich ein Springbrunnen und eine Seitenwand bestand aus deckenhohen Fenstern. Und dort im Wasser schwamm, wie ein Walross nur die Nase aus dem Wasser steckend, Pamela Parker Smythe.

»Pamela!«, rief ihre Mutter und klatschte elegant in ihre mit Juwelen geschmückten Hände.

Pamela nahm keine Notiz von ihr.

»Pamela, wir haben Besuch!«, rief ihre Mutter wieder.

Keine Reaktion. Pamela schwamm immer im Kreis um den Springbrunnen am tiefen Ende des Beckens. Mandy staunte über ihre Ungezogenheit. Damit käme ich nie durch!, dachte sie.

Mrs. Parker Smythe seufzte. »Kommen Sie. Wir gehen besser hinunter.« Sie ging den Swimmingpool entlang, einen apricotfarbenen Bademantel und ein Handtuch für ihre Tochter in der Hand. Mandy und Mrs. Hope folgten.

»Pamela!«, lockte Mrs. Parker Smythe mit aller Überredungskunst. Sie kauerte sich neben dem Becken nieder. »Na komm schon, Liebling. Komm und sprich mit Mami über einen kleinen Schatz, ein klitzekleines Kätzchen für Pammilein!«

Mandy schluckte trocken. Sie steckte beide Hände in

die Taschen ihrer Jeans. Igitt!, dachte sie. Sie hoffte nur, dass niemand ihre Gedanken lesen konnte.

»Ich denk nicht dran!«, erwiderte Pamela und schwamm kleinere Kreise.

»Oh, komm schon, Liebling. Weißt du nicht mehr, wir haben erst heute Morgen beim Frühstück über ein süßes kleines kuschliges Kätzchen für dich gesprochen. Erinnerst du dich?«

»Nein!« Pamela prustete wie ein Wal.

»Pammi!« Mrs. Parker Smythe wurde nass. »Jetzt komm sofort heraus, sonst rufe ich deinen Papi!«

Mit einem tiefen Seufzer und reichlich Spritzerei hievte sich Pamela Parker Smythe aus dem Wasser. Sie war ein etwas übergewichtiges kleines Mädchen mit mausbraunen Haaren und einem ständig finsteren Blick. Sie wand sich, als ihre Mutter sie in den Bademantel wickelte. Das Handtuch, das ihr für das tropfnasse Haar angeboten wurde, stieß sie weg. Stattdessen schüttelte sie den Kopf wie ein Hund.

»Hallo«, sagte Mandy, um die Unterhaltung in Gang zu bringen.

Pamela warf ihren Kopf zurück und zog große Wassertropfen in der Nase hoch.

»Ich habe gehört, du möchtest ein Kätzchen haben?«, fuhr Mandy fort.

Schnief. Schnief.

»Ich habe vier Kätzchen. Vier winzige Kerlchen, erst ein paar Tage alt. Aber bald wird ihre Mutter sie nicht mehr säugen und dann brauchen sie richtig schöne Namen und jemanden, der sich um sie kümmert!«, erklärte Mandy auf, wie sie fand, klare und vernünftige Weise.

»Das weiß ich!«, schnaubte Pamela verächtlich. »Das weiß doch jeder!«

»Pammi!«, zwitscherte Mrs. Parker Smythe.

»Sie brauchen ein gutes Zuhause und jemanden, der sich sehr liebevoll und sorgsam um sie kümmert!«, sagte Mandy in erheblich kühlerem Ton.

»Was haben sie für eine Farbe?«, wollte Pamela wissen, Auge in Auge mit Mandy. »Ich möchte ein weißes!«

Mandy hielt inne. »Also, die Farbe ist eigentlich nicht so wichtig, oder? Ich meine, ein Kätzchen ist doch nicht irgendein Spielzeug, nicht wahr? Es ist ein echtes lebendiges Tier, verstehst du. Bald wird es eine große Katze sein, die immer noch gefüttert und zum Tierarzt gebracht werden muss und einen sauberen, warmen Platz zum Schlafen braucht. Tatsächlich muss man sich viel um sie kümmern.«

Pamela wandte sich zu ihrer Mutter. »Ich will nur ein weißes haben!«, wimmerte sie.

»Aber Pammilein!« Mrs. Parker Smythe sah Mandy hilflos an.

»Du hast gesagt, ich dürfte ein weißes haben!« Das Kind stampfte mit dem Fuß auf. »Ein weißes Kätzchen! Ein weiches, weißes Kätzchen mit langen Haaren. So eins will ich haben! Nur so eins!«

Mandy kochte vor Zorn. Am liebsten wäre sie auf das grässliche Mädchen zugegangen und hätte es zurück in das Schwimmbecken gestoßen. »Kätzchen sind kein Spielzeug!«, wiederholte sie. »Und sie müssen nicht deinen Farbvorstellungen entsprechen!«

»Mandy!«, ermahnte Mrs. Hope sie im Flüsterton.

Aber Pamela nahm die Kampfansage an. Sie warf Mandy einen langen Blick zu, dann verzog sie das Gesicht und wimmerte laut. »O..o..o, Mami, das schreckliche, böse Mädchen soll weggehen! Ich mag sie nicht! Mach, dass sie weggeht, Mami!«

Mrs. Parker Smythe fiel darauf herein. »Na, na, Pammilein, nicht weinen!«, sagte sie. Sie tröstete ihre Tochter, wobei sie sie auf Abstand hielt, damit sie selbst trocken blieb. »Du musst kein Kätzchen haben, wenn du keines willst, Liebling. Na, na!«

Mandy sah Pamelas Gesicht hinter ihren dicken kleinen Fäusten hervorlugen. Pamela grinste sie höhnisch an. »Da hast du es!«, schien sie sagen zu wollen.

Mrs. Hope zog Mandy am Arm. »Zeit zu gehen«, drängte sie.

Aber Mrs. Parker Smythe hatte aufgehört, ihre Tochter zu tätscheln, und kam zu ihnen herüber. »Achten Sie nicht darauf«, flüsterte sie. »Pamela hat eine ihrer Launen. Sie können das Kätzchen trotzdem bringen. Ich werde das mit ihr besprechen.«

Aber Mandy stand zu ihren Prinzipien. Sie war entschlossen zu sagen, was sie zu sagen hatte. »Mrs. Parker Smythe«, verkündete sie, »ich fürchte, das würde niemals gut gehen!«

Mrs. Parker Smythes Goldschmuck bebte, als sie zu ihrer Tochter zurückging und sich über sie beugte.

Mandy fuhr fort. »Um ein Haustier zu halten, muss man vernünftig und fürsorglich sein. Tiere haben Rechte. Und eines dieser Rechte ist, einen guten, verantwortungsbewussten Besitzer zu haben!« Sie hielt inne, um Luft zu holen, aber sie war nicht mehr zu bremsen. »Ich fürchte, Pamela ist einfach nicht geeignet. Ich könnte mir niemanden vorstellen, der sich weniger dazu eignet, für Smoky, Patch, Amy oder Eric zu sorgen!«

Sie starrte auf die beiden herunter, die sich neben ihrem todschicken Swimmingpool aneinander klammerten. Sie drehte sich auf dem Absatz um. Ihre Turnschuhe quietschten den ganzen Weg bis zu der Doppeltür auf den nassen Fliesen, aber das war ihr egal. Sie stürmte durch den Wintergarten, die Designerküche und den Flur. Mrs. Hope holte sie auf halber Höhe der Auffahrt ein.

»Tut mir Leid, Ma«, entschuldigte sich Mandy, weil sie so unhöflich gewesen war. Aber ihre Mutter schien ihr nicht böse zu sein, als sie Schulter an Schulter zum Auto hinausmarschierten.

»Ungeeignet«, seufzte Mrs. Hope und öffnete die Tür. Mandy sank in den Beifahrersitz. Verbittert dachte sie über verwöhnte reiche kleine Kinder und ihre allzu nachgiebigen Mütter nach. Danach, ob die Parker Smythes Walton und ihre Jungen für ein paar Wochen bei sich aufnehmen würden, hatte sie angesichts der Situation gar nicht erst fragen wollen. Sie hatte schreckliche Angst um die Kätzchen. Bis jetzt zwei Anrufe auf ihre Anzeigen und zwei verheerende Ergebnisse! »Ja, wieder nicht geeignet!«, sagte sie.

Tränen der Enttäuschung drohten aufzusteigen, aber sie unterdrückte sie. Sie musste weitersuchen. Sie würde es schaffen!

7. Kapitel

Das Wochenende war fast vorbei und die Katzen waren immer noch ohne Zuhause. Am Donnerstag würde Mr. Williams sie aus seiner Küche werfen oder etwas Schreckliches tun. Für ihn waren sie keine Wesen mit Gefühlen. Sie waren nur Quälgeister, die man loswerden musste.

»So denken manche Leute eben«, erklärte Mandys Vater. »Vor allem einige ältere Leute hier in der Gegend. Wenn man auf einem Bauernhof oder auf dem Dorf lebt, geht man mit Tieren nicht so zimperlich um. Als Mr. Williams jung war, haben sie unerwünschte Kätzchen in der Regentonne hinter der Scheune ertränkt. Ich glaube nicht, dass sie überhaupt auf die Idee kamen, es könnte grausam sein.«

Mandy erschauerte. Was sie betraf, war das Mord.

»Komm, hilf mir diesen jungen Kerl zu Ernie zu

bringen!«, schlug Mr. Hope vor. Er hob den Kunststoffkäfig mit dem jungen Eichhörnchen hoch. »Ich habe ihn untersucht und er ist völlig gesund. Er kann in den Auslauf hinter Ernies Haus kommen und dann werden wir sehen, wie er sich macht.«

Sie gingen ihr Sträßchen hinunter zur Hauptstraße. Es war ein sonniger Nachmittag und überall blühte es. Gärtner waren mit Spaten und Gartenscheren draußen, um die Blumen auf Vordermann zu bringen. »Guten Tag«, sagten manche Leute. Einige blieben stehen, um das Eichhörnchen anzuschauen und zu plaudern.

Mandy gefiel es, dass alle ihren Vater kannten. Er war oben im »Haus Flieder« zur Welt gekommen und hatte sein ganzes Leben in Welford verbracht, mit Ausnahme seiner Studienzeit in York. Die alten Dorfbewohner nannten ihn immer noch »Tom Hopes Junge« oder einfach Adam. Sie wussten, dass er klug war, dass er auf der Universität gewesen war, und er galt als guter Tierarzt. Auf jeden Fall war er einer von ihnen.

Die Frauen kamen aus ihren Häusern und bemutterten Mandy, während die Männer von Problemen mit Maulwürfen in ihrem Garten berichteten oder von einem Schaf, das in der Viehsperre hinter Janekis Farm stecken geblieben war. Das Eichhörnchen tollte in seinem Käfig herum und nahm durch das Türgitter Erdnüsse entgegen, die ihm angeboten wurden.

Schließlich erreichten Mandy und ihr Vater das Gasthaus »Zum schlauen Fuchs«. »Wir haben bloß eineinviertel Stunden gebraucht!«, stellte Mandy fest.

Mr. Hope lachte und ging in das Wirtshaus, um für sich ein Glas Bier und für Mandy eine Dose kalte Cola zu holen. Sie verbrachten noch einmal fünfzehn Minuten in den letzten Strahlen der Sonne, während sie auf einer Bank saßen und schwatzten.

»So!« Mr. Hope wischte sich die Schaumreste vom Bart und stand auf. »Nimm du das Eichhörnchen, Mandy«, sagte er entschlossen.

Sie folgte ihm über den mit Kopfsteinen gepflasterten Hof des Wirtshauses. Das Eichhörnchen trippelte in seinem Käfig hin und her.

»Das da drüben war einmal die Schmiede«, sagte Mr. Hope. Er wies auf das vornehme Restaurant neben dem Wirtshaus.

»Ich weiß, Pa, das hast du mir erzählt.«

Unbekümmert fuhr er fort: »In den zwanziger Jahren gehörte sie meinem Großvater.«

»Ich weiß, Pa!« Himmel, manchmal war er nervtötend. Mandy trat von einem Fuß auf den anderen. Bald musste sie hinüber zu Walton zur Abendfütterung fahren. Die Kätzchen gediehen mit der flüssigen Spezialnahrung gut und auch Walton sah besser aus. Mandy war mit ihrer Entwicklung zufrieden. »Komm, Pa, lass uns gehen!«

Er drehte sich um und grinste. »Tut mir Leid, Schatz!« Und er ging wieder voraus, an dem Wirtshaus vorbei zu einer zusammengedrängten Reihe winziger zweigeschossiger Steinhäuschen, die schon bessere Tage gesehen hatten. Es waren fünf Häuschen, alle mit verwitterten Türen, wild wachsendem Efeu und großen Steinplatten, die entlang der Häuserreihe einen Weg bildeten. Die meisten Eingangstüren standen offen in der Sonne.

»Wie steht's, Adam, Junge!«, sagte eine raue Stimme. Mandy und Mr. Hope blieben bei dem ersten Haus stehen. Sie hätte es sich denken können, dass sie Ernies Haus nicht ohne wenigstens zwei weitere Unterbrechungen erreichen würden.

»Hallo, Walter. Herrlicher Tag heute!« Mr. Hope blieb stehen und lehnte sich an Walter Pickards Tür. »Wie geht's?«

»Kann nicht klagen«, sagte der alte Mann. »Und du, junge Dame?«

Mandy grüßte lächelnd zurück. Bei Leuten unter dreißig erinnerte sich Walter nie an den Namen. Für ihn waren sie einfach »junge Dame« oder »junger Herr«. Er war früher Metzger gewesen, läutete zusammen mit ihrem Großvater mittwochabends die Kirchenglocke und vor allem liebte er Katzen! Zwei wunderschöne alte rote Katzen sonnten sich auf seiner Haustürschwelle.

»Was haben wir denn da?«, sagte Walter, beugte sich herunter und klopfte auf den Käfig. Drinnen setzte sich das Eichhörnchen auf und bettelte. »Aber hallo«, sagte Walter lachend. Er ging den dunklen schmalen Flur hinunter und kam mit einem Keks zurück, den er dem Eichhörnchen fütterte.

Mandy mochte Walter. Er war ein großer, kräftiger Mann, doch seine tiefe Stimme klang sanft und sein zerfurchtes Gesicht lächelte unter seiner Schirmmütze immer. Seine Frau war letztes Jahr gestorben, doch Walters drei Katzen leisteten ihm noch Gesellschaft. Mandy mochte ihn wegen seines Lächelns und seiner Katzen. Nur konnte sie nicht verstehen, wie er sein gesamtes Leben in einer Metzgerei arbeiten konnte. Mit den ganzen kalten Rinderhälften, die an Haken hingen. Und den ganzen toten Hähnchen. Mandy erschauerte. Sie war froh, Vegetarierin zu sein. Sie aß mittlerweile kaum noch Fleisch.

Mr. Hope schaute auf seine Uhr. »Wissen Sie, ob Ernie zu Hause ist?«, fragte er.

Walter nickte. »Höchstwahrscheinlich.«

»Na dann werde ich diesen kleinen Kerl mal bei ihm abgeben.« Mr. Hope hob den Käfig hoch. Er sah, dass Mandy damit beschäftigt war, die Katzen zu streicheln, und sagte: »Ich lass dich hier, Mandy, dann kannst du Walter die Geschichte von Ernie Bell und dem verwaisten Eichhörnchen erzählen!« Damit schlenderte er davon, die Häuserreihe hinunter.

Mandy erzählte Walter die traurige Geschichte des Eichhörnchens.

»Ernie Bell!«, sagte Walter kopfschüttelnd. »Adoptiert ein Eichhörnchen, der alte Griesgram!« Es klang, als würde er sagen, er, Walter Pickard, habe im Toto gewonnen.

Mandy saß im Schneidersitz auf dem Weg und hatte ihre Hand in dem weichen warmen Fell einer der alten roten Katzen vergraben, als ihr eine Idee kam. Sie schaute auf. »Walter, wie viele Katzen haben Sie?«, fragte sie beiläufig. Aber die Idee war so aufregend, dass ihr Herz schneller schlug.

»Drei«, sagte er. Er ließ sich schwerfällig auf einem alten Holzstuhl im Flur gleich neben der Tür nieder. »Diese da heißt Happen, weil sie jeden Happen frisst, den ich ihr gebe. Sie ist überhaupt nicht wählerisch.« Er zeigte auf die Katze, die Mandy streichelte. »Und das da drüben ist Madame, denn sie ist eine richtige kleine Madame und frisst nur feinsten Fisch und Hähnchenbrust«. Die zweite rote Katze schnurrte zufrieden in der Sonne. »Dann gibt es noch Tom. Er ist gerade im Haus.«

Mandy hörte schweigend zu, aber sie dachte angestrengt nach.

»Früher hatten wir noch eine, weißt du«, fuhr Walter fort. »Meine Mary hat Katzen geliebt und ihr besonderer Liebling war Susie. Sie ist kurz nach Weihnachten gestorben.« Er saß eine Weile in Erinnerungen versunken da, dann riss er sich zusammen. »Susie war zierlich und klein, genau wie meine Mary. Deshalb war sie ihr Liebling.« Er lächelte. »Ja, so war das.«

Mandy nickte. Jetzt oder nie, dachte sie.

»Warum nehmen Sie nicht eine neue Katze?«, fragte sie. »Zufällig suche ich gerade ein Zuhause für ein paar Kätzchen und es ist ein zartes dabei, ein kleines, schildpattfarbenes namens Amy. Es wäre genau richtig für Sie, da bin ich ganz sicher!«

Walter hörte zu. Die Idee schien ihm zu gefallen. »Ein schildpattfarbenes?«

»Ja. Die Kätzchen sind erst ein paar Tage alt und wir müssen sie teilweise mit der Flasche aufziehen, James Hunter und ich, weil ihre Mutter zu schwach ist. Sie ist herrenlos. Aber wir brauchen für alle ein Zuhause. Ein gutes Zuhause!« Sie legte die Betonung auf »gut« und schaute zu Walter empor.

Er blies seine Backen auf wie ein Trompeter. »Ein schildpattfarbenes?«, wiederholte er. Mandy stellte sich ein kleines Kätzchen vor, das den ganzen Sommer auf den warmen Steinplatten herumtollte, an Walters Goldlack emporsprang und über die Stufen ins Haus purzelte.

»Eine wirklich süße, kleine, schildpattfarbene Katze!«, beteuerte sie. Sie hielt den Atem an.

»Ja, das hätte ich schrecklich gern«, seufzte Walter.

»Oh, das wäre ein perfektes Zuhause für Amy!«, sagte Mandy zu ihm. »Hier hinten ist es schön ruhig, die Straße ist weit weg, die älteren Katzen würden sich um sie kümmern, und Sie wissen alles über Kätzchen. Es wäre ideal!« Sag ja, betete sie. Sag ja!

Aber da kam ein Schatten den Flur entlanggeschlichen. Ein großer, dunkler, rauflustiger Kerl – Walters Kater Tom.

»Hallo!«, begrüßte Mandy das riesige Tier. Breit stand Tom auf der Türschwelle. Er entblößte seine Zähne und fauchte. »Hallo, du!« Mandy bewegte ihre Finger die Steinplatten auf und ab. »Komm her!«, lockte sie Tom. Er nahm keine Notiz von ihrem Spiel. Missmutig trottete der breitschultrige Kater mit dem

großen Maul auf der Stufe hin und her. Er war ein schwarz-weißer Raufbold mit einem schwarzen Fleck über dem linken Auge, wie ein Pirat, mit einem zerfetzten linken Ohr und einem ausgefransten Schnurrbart.

»Ach, Tom!«, sagte Walter mit einem Seufzer des Bedauerns. Tom machte einen Buckel und spuckte nach Mandy. Er trottete um die beiden roten Kätzinnen herum, als wolle er nach dem Rechten sehen. Dann stand er da und starrte wieder Mandy an.

»Da ist auch noch Tom zu berücksichtigen, verstehst du«, erklärte Walter. »Mit Happen und Madame wäre das kein Problem. Aber mit Tom.« Der alte Mann schüttelte den Kopf. »Sieh ihn dir doch nur an. Er würde ein neues Kätzchen zum Frühstück verspeisen!«

Das glaubte Mandy sofort. Sie hatte noch nie eine

Katze wie Tom gesehen. Ein Schwergewichtler, ein Raufbold, ein Sumoringer von einer Katze!

»Dann heißt das wohl, dass Sie auch nicht die Mutterkatze mit den Jungen vorübergehend hier aufnehmen können, bis die Kleinen entwöhnt sind?«, fragte Mandy ernüchtert.

»Nein«, sagte Walter traurig. »So gern ich das möchte, ich fürchte, Tom würde mit einer fremden Katze hier nicht froh. Kannst du mein Problem verstehen?«

Mandy nickte. Obwohl sie verzweifelt war, musste sie ihm Recht geben.

»Nichts für ungut, Thomas, es wird niemand kommen und dich aufregen.« Walter beugte sich vor, um das zerfetzte Ohr des Katers zu kraulen. »Beruhige dich, alter Knabe!«

Der Kater blinzelte und reckte triumphierend seinen riesigen Kopf. Er hatte sein Revier abgesteckt und gewonnen. Traurig erhob sich Mandy. Was für ein Jammer! In diesem Moment kehrte ihr Vater mit dem leeren Käfig zurück. »Fertig?«, fragte er.

Sie verabschiedeten sich von Walter und gingen los, über den Hof des Wirtshauses. Der alte Mann blieb auf seinem Schemel sitzen, die Katzen zu seinen Füßen.

»Hör mal«, meinte Mr. Hope und warf einen Blick zurück. »Der alte Walter mag Katzen. Willst du nicht...«

»Schon gut, Pa«, unterbrach ihn Mandy. »Das habe ich bereits getan. Ich habe ihn gefragt und er sagt, er würde gern noch ein Kätzchen haben, aber Thomas dem Schrecklichen würde das nicht gefallen.« Sie versuchte fröhlich zu klingen, obwohl ihr elend zu Mute war. »Am Ende sagte er Nein.«

»Soso«, sagte Mr. Hope. Er schwenkte den leeren Käfig, in eigene Gedanken versunken.

Die Gärtner waren alle zum Abendessen ins Haus gegangen, und so verlief ihr Heimweg weitaus ruhiger und rascher. Mrs. Hope hatte das Abendessen ebenfalls vorbereitet, da sie wusste, dass Mandy zur Schule hinüberradeln wollte, bevor es dunkel wurde. Niemand erwähnte die Kätzchen. Hätte es jemand getan, wäre Mandy vielleicht in Tränen ausgebrochen. Doch ihre Mutter und ihr Vater wussten, wann sie still sein mussten. Mandy aß auf, dann packte sie ihre Tasche. Sie traf James an der Poststelle und zusammen radelten sie nach Walton.

Mr. Williams war ausgesprochen schlechter Laune.

»Es ist Sonntagabend«, erinnerte Mrs. Williams Mandy und James. »Sonntagabends ist er immer so.«

Als sie ankamen, war er in der Küche umhergestampft, doch kaum hatte er sie gesehen, brummte er, nahm seine Sonntagszeitung und verließ den Raum.

»Es liegt daran, dass morgen Montag ist«, erklärte Mrs. Williams. »A-R-B-E-I-T! Das gefürchtete Wort mit sechs Buchstaben.«

Dann kommt Dienstag, dann Mittwoch, dachte Mandy mit Schrecken. Sie wollte die Uhr anhalten oder wenigstens die Tage in die Länge ziehen. Das Schlimme war, dass sie die Kätzchen mit jedem Besuch, der vorüberging, mehr in ihr Herz schloss. Sie waren etwa zwölf Zentimeter lang und wogen nur etwa 100 Gramm. Sie konnten noch nicht stehen und ihre Augen waren immer noch geschlossen. Smoky war am kräftigsten, doch Patch machte ihm in ihrem Kampf um Nahrung kräftig Konkurrenz, während Eric und Amy geduldiger, genügsamer waren.

Es war nun an der Zeit, Mrs. Williams zu bitten, den Wäschekorb vorsichtig auf die Seite kippen zu dürfen, damit die Kätzchen beginnen konnten, von selbst ans Tageslicht zu krabbeln. »Und dann ist Walton vielleicht bereit, sie in ein neues Nest zu bringen«, meinte Mandy.

»Was, umkippen und liegen lassen?«, fragte Mrs. Williams. Sie sah unschlüssig aus. »Dann wird es hier ja entsetzlich unordentlich!« Doch am Ende war sie einverstanden. Der Korb konnte auf die Seite gelegt werden.

Während James und Mandy ein Kätzchen nach dem anderen fütterten, stampfte Mr. Williams wieder herein. Er trug ein blitzsauberes, gestärktes weißes Hemd und einen rot-braunen Schlips. Er sah in seinem dunklen Anzug sehr elegant aus, aber er lief mühsam, was Mandy zum ersten Mal bemerkte. Beim Anblick des umgekippten Wäschekorbs runzelte er die Stirn.

Mrs. Williams sprang auf die Füße. Sie war fertig für den Kirchgang, mit ihrem rehbraunen Kleid und ihrem Seidenschal. »Auf geht's, Eric«, sagte sie warnend. Sie sah ihn zwei der Kätzchen anstarren, die gerade aus Versehen am Ärmel seines besten blauen Hemdes zerrten. Sie suchten Walton, verfingen sich dabei jedoch in dem Hemd. »Es ist nur bis Mittwochabend!«, versprach sie.

Er brummte nicht einmal. Er stampfte einfach hinaus auf die Veranda.

»Gott sei Dank ist heute Sonntag!«, flüsterte Mrs. Williams.

»Warum?«, fragte James.

»Sonntags flucht Eric nie«, sagte sie. Sie hob die Augenbrauen. »Sonst wäre nämlich die Luft in der Küche so dick wie dieses Hemd!« Sie seufzte, während sie ihre glänzende braune Handtasche nahm. Sie sah nach, ob sie ihre Schlüssel hatte. »Macht die Tür zu, wenn ihr geht«, erinnerte sie Mandy und James. Dann folgte sie ihrem Mann die Straße hinunter zur Kirche.

Mandy schüttelte den Kopf. Für diesen Abend waren die Kätzchen versorgt. James wusch Waltons Futternapf und Untertasse ab und die Katzenmutter kam dankbar zu einem letzten Streicheln zu Mandy, bevor sie sich bei ihren Jungen niederließ. »Ich wünschte…«, sagte Mandy, aber sie beendete den Satz nicht.

Auch James fühlte sich hilflos, als sie sich noch einmal in der Küche umsahen, das Licht ausschalteten und die Tür schlossen. »Das mag ich an Computern«, sagte er aus heiterem Himmel, während sie mit ihren Rädern aus dem Ort hinausfuhren.

»Hä?«, fragte Mandy. »Wovon redest du?« James sagte manchmal so komische Sachen.

»Computer. Das mag ich an ihnen. Sie sind unkompliziert und einfach und sie geben einem nie ein schlechtes Gefühl.«

»Nicht wie Menschen oder Tiere, meinst du?«

Er nickte. »Du kannst sie einfach ein- und ausschalten, kein Problem.«

Eine Weile fuhren sie schweigend weiter.

»Aber sie sind manchmal nicht in Ordnung!«, wandte Mandy ein. Man darf doch Maschinen nicht lebenden Wesen vorziehen, dachte sie.

»Tiere auch nicht«, sagte er. Wieder Schweigen. »Wie Benji.«

»Oh, was ist denn mit Benji?«, fragte Mandy. James hatte Benji schon so lange, wie sie denken konnte. Er war ein wunderbarer, gelehriger schwarzer Kater.

»Weiß nicht«, sagte James. »Meine Mutter muss ihn morgen früh in die Tierklinik bringen, um zu sehen, ob sie etwas feststellen können.«

Mandy nickte und seufzte. »Dann sehen wir uns morgen in aller Frühe?«, sagte sie zum Abschied.

»Morgen in aller Frühe«, versprach James. Dann fuhren sie getrennter Wege.

8. Kapitel

Ein einziger kleiner Erfolg würde reichen, dachte Mandy. Ein Zuhause für ein Kätzchen. Das war nicht viel verlangt und es würde ein Anfang sein. Sie ging die Namen durch, die sie bisher hatten, nur um sicherzugehen, dass wirklich keiner von ihnen in Frage kam.

Während sie angestrengt überlegte, reichte sie Simon ein Thermometer, um bei einer Border Collie-Hündin, die sich gerade von der Staupe erholte, die Temperatur zu messen. Sie hatte nur überlebt, weil sie jung und kräftig war.

Simon streichelte das lange schwarze Fell des Hundes. »Immerhin werden ihre Besitzer von nun an daran denken, sie impfen zu lassen«, sagte er.

Mandy nickte, aber sie dachte an Miss Marjorie Spry. Gewiss würde selbst sie nicht vergessen, jeden Tag eine

Dose Katzenfutter zu öffnen. Das Kätzchen könnte eine ruhige, behagliche Ecke im Gartenschuppen bekommen, wenn der alte Gärtner einen Platz frei machte. Mandy hörte auf, Fleisch in die Hundeschüsseln zu füllen. Sie stand da, die Gabel in der Hand.

»Ich gäbe was dafür«, sagte Simon mit einem Lächeln. Er schaute auf seine Uhr.

»Was?« Mandy stellte sich gerade vor, wie Amy bequem zusammengerollt hinter den alten Blumentöpfen und Gartenscheren lag.

»Ich gäbe was dafür, wenn ich wüsste, was du denkst!« Simon nahm die Gabel und fuhr fort, Futterschüsseln für den Cockerspaniel und die beiden schwarzen Labradore auf der Krankenstation vorzubereiten. »Gewöhnlich träumst du nicht bei der Arbeit«, sagte er.

»Oh, tut mir Leid!« Mandy stieß einen Seufzer aus. Natürlich taugte die Villa Riddings nichts. Simon hatte sie aus ihren Träumen gerissen. Sie erinnerte sich an das erstarrte Fauchen der ausgestopften Wildkatze, den hoffnungsvollen gläsernen Blick des Reihers. All diese staubigen Vitrinen mit toten Tieren. Sie fürchtete, dass es keinen Sinn hatte, Amy dorthin zu bringen, und so war das arme Kätzchen noch immer ohne ein Zuhause.

»Wir müssen uns beeilen«, sagte Simon. »Hier, du bereitest die Hamsterschalen vor, während ich die Käfige sauber mache. Und denk an Flopsy und Co. draußen!«

Mandy trug eine Portion Kaninchenfutter in den Hintergarten hinaus. Da ist immer noch die Villa der

Parker Smythes für Smoky, sagte sie sich. Aber sie wusste, dass sie sich an einen Strohhalm klammerte. Wie lange würde es dauern, bis das Kätzchen seinen Reiz verloren hatte? Zwei Tage? Mandy seufzte wieder. Und auch nur, wenn Pamela eine graue Katze akzeptieren würde. Nein, sie wünschte Pamela Parker Smythe selbst ihrem ärgsten Feind nicht, geschweige denn dem kostbaren Smoky.

Wenn nur Walter Pickards alter Kater gutmütiger wäre! Mandy stand mit einer Hand voll Hafer und Sonnenblumenkernen da, tief in Gedanken versunken.

Als sie wieder hereinkam, war Simon mit den Hamsterkäfigen fertig. Er sah sie noch einmal an und ergriff in seiner ruhigen Art die Initiative. »Hör zu«, sagte er. »Ich werde hier allein mit allem fertig. Ich dachte, du müsstest wieder zeitig zur Schule.«

»Was? Oh, ja, danke!« Mandy wischte sich die Hände ab und wand sich aus ihrem weißen Kittel. »Ist es schon so spät? Ich muss mich beeilen!«

Sie war aus der Tierklinik hinaus und in ihre Schuluniform geschlüpft, als sie ihrer Mutter auf der Treppe begegnete. »Irgendwelche Anrufe?«, fragte sie in der Hoffnung, dass sich noch jemand auf ihre Anzeigen gemeldet hätte.

»Nein«, antwortete Mrs. Hope.

»Tja.« Eigentlich hatte Mandy es diesmal auch nicht erwartet. Ihre Hoffnungen waren nicht sehr groß.

Dann war sie aus dem Haus und fuhr die Straße hinauf, um James vor McFarlane's zu treffen. Ihr Gehirn arbeitete immer noch auf Hochtouren. Vielleicht könnte ich es noch einmal bei Walter versuchen, dachte sie, als sie mit quietschenden Reifen anhielt. James war schon da.

»Tut mir Leid, ich bin spät dran!«, sagte sie.

James war stiller als üblich, als sie hinüberradelten, aber auch Mandy war tief in Gedanken versunken.

Der Unterricht rauschte an Mandy vorbei. In Geschichte beantwortete sie zwei Fragen falsch und erhielt einen Verweis von Mr. Holmes. »Was ist los, Amanda? Das sieht dir gar nicht ähnlich. Ich nehme an, du hast zu viel ferngesehen. Jetzt pass aber bitte auf!« Mandy wurde rot und versuchte sich zu konzentrieren.

Wieder dachte sie an die Kätzchen, als ein paar Freundinnen sie nach dem Unterricht fragten, ob sie am Freitag in die Disco mitkommen würde. Mandy antwortete nicht. »Na, bloß keine Umstände!«, sagte eine ihrer Freundinnen und alle kicherten. »Glaub nicht, dass es uns interessiert, ob du mitkommst oder nicht! Du bist nicht der Mittelpunkt des Universums, Mandy Hope!« Und sie stürmten davon.

Mandy zuckte die Achseln. Es war Zeit, zu den Kätzchen zu gehen und sie zu füttern.

Und sie dachte immer noch an sie, als James nach der Schule kam und ihr sagte, dass er gleich nach Hause gehen müsste. Er hätte es seiner Mutter versprochen.

Mandy nickte. »Dann bis morgen«, sagte sie. Sie hatte einen Plan gefasst. Es war kein besonders toller Plan, aber sie hatte beschlossen, Walter noch einmal zu besuchen. Sie wollte zuerst die Kätzchen füttern und dann bei ihm vorbeischauen. Schaden konnte es jedenfalls nichts. Sie würde eine Ausrede erfinden. Vielleicht würde sie Ernie Bells Eichhörnchen besuchen und dann »zufällig« bei Walter reinschauen. Er durfte nicht denken, dass sie ihn absichtlich belästigte.

»Hallo, junge Dame!«, begrüßte sie Walter von seiner offenen Tür aus. »Wo treibt sich denn dein Opa herum? Ich habe ihn in der letzten Zeit nirgends gesehen.«
Mandy lehnte ihr Fahrrad an die Mauer. »Tag, Walter.« Sie versuchte beiläufig zu klingen. »Er ist mit seinem neuen Campingbus unterwegs.« Sie schenkte Walter eines ihrer fröhlichsten Lächeln. Es machte ihr Mühe, aber sie wollte munter und unbeschwert wirken.
»Camping!«, sagte Walter mit einem leisen Pfeifen. »In seinem Alter!«
»So schlimm ist das nicht.« Sie klärte ihn über den Komfort moderner Wohnmobile auf. »Der Bus hat einen Kühlschrank, Strom, alles!«
»Hm! Haben deine Großeltern denn in ihrem Haus keinen Kühlschrank und Strom?«
»Doch!«
»Also, was soll das dann?«, sagte Walter. Seine roten Katzen kamen elegant den Flur entlanggetrippelt.
Mandy gab auf und wechselte das Thema. Sie streichelte Happen und Madame. »Ich bin nur vorbeigekommen, um Mr. Bells Eichhörnchen zu sehen«, sagte sie beiläufig. »Um zu schauen, ob es sich eingelebt hat.«

Walter nickte. »Sicher, wenn er dich sehen will«, sagte er. »Ernie macht seine Tür nicht immer auf!«

»Ich bin in einer Minute zurück«, sagte Mandy.

Sie ging den gepflasterten Weg entlang bis zum Ende der Häuserreihe. Sie klopfte laut. Die grüne Tür war verblichen und blätterte ab. Sie bedurfte eines ordentlichen Farbanstrichs. Und sie hatte einen alten Türklopfer in Löwenform, der seit Jahren nicht mehr geputzt worden war. Durch die wenige Benutzung ließ er sich nur schwer bewegen. Mandy klopfte wieder.

»Gemach, gemach!«, brummte Ernie drinnen. Mandy hörte, wie Riegel bewegt und Schlüssel gedreht wurden. Zu guter Letzt öffnete Ernie seine Haustür.

Mandy hörte Walter murmelnd in sein Haus zurückkehren. Sie war mit Ernie allein.

»Ja?«, fuhr Ernie sie an. Er war ein kleiner Mann mit einem glatten weißen Haarschopf, der sich von seiner zerfurchten Stirn nach hinten türmte. Seine spitze Nase und seine leuchtenden dunklen Augen hatten etwas Vogelartiges. Er trug eine alte Weste und ein kragenloses Hemd. »Ja?«, sagte er wieder und starrte Mandy an.

Sie stellte sich als die Tochter des Tierarztes vor. »Mein Vater hat gestern das Eichhörnchen zurückgebracht. Wie geht es ihm?«, fragte sie.

Ernie runzelte die Stirn. »Gut, gut. Was willst du hier? Du kannst ihn nicht zurückbekommen, verstehst du. Ich habe die Rechnung bezahlt!«

»Nein, ich will ihn nicht wieder mitnehmen«, versuchte Mandy zu erklären.

»Gut. Es hat mich ein Vermögen gekostet, bloß um ihn untersuchen zu lassen, kann ich dir sagen. Aber ich habe bezahlt!«, beteuerte er. Stirnrunzelnd stand er da.

»Nein, ich…« Mandy zögerte, dann änderte sie die Taktik. »Wie heißt das Eichhörnchen?«, fragte sie.

Ernie hielt inne. »Sammy«, sagte er leise, als wollte er nicht, dass jemand es hörte. »In Ordnung?«

»Ja, das ist ein hübscher Name. Ich dachte nur, ob ich ihn einmal anschauen könnte, bitte?«

Sie wartete, während Ernie überlegte. Er starrte sie an, dachte eine Weile nach, dann nickte er. »Hier entlang«, sagte er schließlich.

Er führte sie einen dunklen Gang hinunter, durch seine Küche und nach draußen in den Hinterhof. Vier Häuser weiter stand Walter in seinem Garten. Er lehnte seine Unterarme auf den Gartenzaun. »Na, wie geht's, Ernie!«, begrüßte er seinen unfreundlichen Nachbarn.

Ernie brummte. Er stand da und beobachtete misstrauisch, wie Mandy den Eichhörnchenauslauf eingehend betrachtete.

»Sammy!«, rief Mandy leise. Am hinteren Ende des Auslaufes befand sich ein stabiler Verschlag mit einem Loch als Eingang, so klein, dass ihn nur ein so winziges und bewegliches Tier wie ein Eichhörnchen benutzen konnte. Das kleine Wesen steckte seinen runden grauen Kopf heraus.

»Da«, sagte Ernie. »Lock ihn hiermit.« Er reichte Mandy ein paar Erdnüsse aus seiner Hosentasche.

Und Sammy sprang mit einem Satz aus dem Verschlag. Er hing kopfüber an dem Drahtgeflecht und schwang sich wie ein Trapezkünstler zu Mandy herüber. Seine Füße berührten nicht einmal den Boden.

Mandy hielt ihm die Nüsse auf der flachen Hand hin. Sammy beobachtete sie, streckte eine Pfote aus und packte die Nüsse. Dann schwang er sich fort, an einen Platz in sicherer Entfernung, und begann zu knabbern.

Mandy sah ihm aufmerksam zu. Es war erst das zweite Mal, dass sie einem Eichhörnchen so nahe kam. Der Auslauf war zehn Meter lang und aus Holz und feinem Maschendraht. Absolut sicher. »Das ist große Klasse!«, sagte sie zu Ernie und klopfte auf die Rahmenkonstruktion.

»Hm.« Ernie nickte. »Kein Wunder.« Er beobachtete das Eichhörnchen ebenfalls und sein Gesicht hatte seine Skepsis verloren. »Ich habe da eine ganze Menge Übung, weißt du. Ich war über fünfzig Jahre Zimmermann!« Dann schloss sich sein Mund fest, als habe er ein großes Geheimnis verraten, und seine Stirn legte sich wieder in Falten.

»Also, das ist echt super«, sagte Mandy. »Richtig stabil und sicher. Ich bin froh, dass Sammy ein so gutes Zuhause gefunden hat!« Das Eichhörnchen hatte sie fast von ihren Sorgen um die heimatlosen Kätzchen abgelenkt. Aber sie konnte Walter hinten in seinem Hof sehen und sie wollte unbedingt mit ihm sprechen. Sie erinnerte sich an den eigentlichen Grund ihres Besuchs: Walter und den alten Tom zu überreden, es sich anders zu überlegen. »Darf ich wiederkommen und Sammy besuchen?«, fragte sie Ernie.

Er schluckte schwer, aber er nickte langsam. »Du kannst wiederkommen«, willigte er ein. »Vielleicht passt es mir nicht immer, die Tür zu öffnen, verstehst du. Aber du kannst es jederzeit versuchen.«

Er folgte ihr bis vor das Haus. »Na dann, Mr. Bell!« Mandy wollte sich umdrehen und sich noch einmal dafür bedanken, dass er ihr das Eichhörnchen gezeigt hatte, aber die verwitterte grüne Tür war bereits zu. Und ein paar Meter weiter stand schon wieder Walter vor seiner Haustür. Wie üblich hatte er mal wieder neugierig seine Nase aus dem Haus gestreckt.

Mandy schlenderte auf ihn zu. »Wie geht es dem alten Tom heute?«, wollte sie fragen und dann behutsam den Vorschlag hinzufügen, dass Tom vielleicht ein neues Kätzchen akzeptieren würde, wenn sie ihn nach und nach mit der Idee vertraut machten.

Doch Walter musste ihre Gedanken erraten haben. Sie kam nicht weiter als: »Wie geht es dem alten Tom?«, bevor er sie unterbrach.

»Es hat keinen Zweck, mich zu beschwatzen, junge Dame!« Zu ihrer Überraschung lachte Walter. »Ich weiß, was du fragen willst, aber Toms Antwort lautet immer noch Nein!«

Als wolle er dies bekräftigen, kam Tom in Höchstgeschwindigkeit um die Ecke geschossen und rannte geradewegs in Mandys Fahrrad. Krachend fiel das Rad zu Boden. Tom heulte auf, machte einen Satz über die sich drehenden Räder und verschwand über den Hof des Wirtshauses.

»Siehst du!«, sagte Walter und lachte wieder. Er hob das Fahrrad auf. »Wenn unser Tom auf der Bildfläche erscheint, ist nichts vor ihm sicher.« Er wandte sich Mandy zu, dann sah er zu Ernies Haus am Ende der

Reihe hinüber. »Aber weißt du was, ich glaube, wir hatten da gerade eine Idee.«

»Tatsächlich?« Mandy hatte nicht den Eindruck, dass irgendetwas richtig lief.

»Ja. Du bist mit dem alten Ernie klargekommen, oder?« Walter kratzte sich am Kopf. Ein sicheres Zeichen, dass er nachdachte.

»Ich denke schon«, sagte Mandy unsicher. »Hören Sie, Sie meinen doch nicht, dass ich ihn fragen sollte!« Ihre Augen leuchteten auf. »Ich meine, Sie meinen, ich sollte ihn fragen, ob er ein Kätzchen nimmt?« Sie spürte, wie die Idee all ihre dunklen Gedanken vertrieb.

Aber Walter schüttelte den Kopf. »Nein, nein, ich glaube nicht, dass du ihn so direkt fragen solltest!«

Mandys Gesicht wurde wieder lang. »Warum nicht? Er hat Tiere gern. Er hat doch den kleinen Sammy gerettet, oder?«

»Schon, aber Ernie würde Nein sagen, wenn du ihn direkt fragen würdest. Er sagt aus Prinzip Nein. Er ist ein streitsüchtiger alter Griesgram, der Ernie.«

Da musste Mandy ihm Recht geben. »Was haben Sie dann für eine Idee?«, fragte sie.

»Pass auf!« Um die Ecke, außer Sichtweite, steckten Walter und Mandy die Köpfe zusammen.

Die Idee bedeutete ein sehr großes Risiko. Aber andererseits blieben Mandy noch achtundvierzig Stunden, um vier sehr große Probleme zu lösen. Sie hörte Walter zu, nickte und dachte darüber nach. Sie dachte an

Sammy, der behaglich in seinem maßgefertigten Haus saß. Sie beschloss es zu wagen.

Also rief sie zu Hause an und sagte, dass sie spät kommen würde. Dann radelte sie nach Walton zurück.

Besorgt beobachtete Mrs. Williams, wie Mandy Amy eine Extramahlzeit gab und sie in einen speziell ausgepolsterten Pappkarton setzte. Amy schaute suchend nach oben, schnüffelte und machte es sich schließlich im Karton bequem. Walton kam herüber, schaute hinein, sah zu Mandy hoch und kehrte dann in den Wäschekorb zurück. Ruhig saß sie mit ihren anderen drei Jungen da und schaute heraus.

»Sie vertraut dir!«, sagte Mrs. Williams. »Armes Ding, sie vertraut dir bei ihren Kindern völlig!«

Mandy nickte. Es war schlimm, das Junge seiner Mutter wegzunehmen, aber es war auch schlimm, was Mr. Williams zu tun drohte, und außerdem würde Walters Plan nur so funktionieren. »Braves Mädchen«, sagte Mandy zu Walton. Behutsam machte sie den Pappkarton zu.

»Ich hoffe, du weißt, was du tust!«, flüsterte Mrs. Williams.

Mandy sah ihr ins Gesicht. Das Herz schlug ihr bis zum Hals, als sie nickte und hinausging. Sie band den Karton auf ihrem Fahrrad fest, nickte Mrs. Williams noch einmal zu, versuchte nicht an Walton und die drei kuscheligen Kätzchen in ihrem Korb zu denken und machte sich auf über das Moor.

Es war die aufregendste Fahrradfahrt ihres Lebens.

Jede Kurve, jeden Hügel nahm sie im Schneckentempo. Sie kam nach Welford hinein und hielt den Atem an. Beim Wirtshaus blieb sie stehen, außer Sichtweite von Walters und Ernies Häuserreihe. Dann band sie den Karton los und schlich sich mit ihm durch Walters offene Tür.

»Hast du es?«, fragte Walter.

Mandy nickte. Sie öffnete den Karton. Als Licht hereinfiel, begann Amy zu miauen. »Sind Sie sicher, dass das klappt?«, fragte Mandy wieder.

Walter legte den Kopf zur Seite. »Nicht völlig«, sagte er. »Nicht hundertprozentig.« Er starrte auf die winzige, hilflose Amy herab. »Was für ein dünnes, kleines Ding!« Er kraulte sie am Kopf. »Ernie ist eigensinnig. Du kannst darauf wetten, dass er das Gegenteil von dem tut, wonach du ihn fragst. War schon immer so. Du sagst zu ihm: ›Ernie, tu mir einen Gefallen und reparier mir die Klinke an dem Hintertor da‹, und er sagt glattweg: ›Was glaubst du, wer ich bin, bin ich hier für alles zuständig?‹, und dann stampft er in die andere Richtung davon. Aber wenn er glaubt, es wäre seine Idee und er sieht, dass dein Tor kaputt ist, dann wird er extra kommen und wird sagen: ›Ich habe gesehen, dass deine Klinke repariert werden muss, Walter, da habe ich einfach meine Werkzeugtasche geholt und sie dir repariert.‹ So ist er eben!«

Mandy begriff. »So wie er Sammy gerettet hat, meinen Sie? Es muss seine eigene Idee sein.« Sie hob Amy aus ihrem Karton. »Wenn er also ein winziges Kätzchen verlassen auf seiner Türschwelle findet, dann wird er es aufnehmen?«

Walter nickte. »Solange er glaubt, es ist seine Idee! Dann wird er es behalten und sich darum kümmern wollen, genau wie um das Eichhörnchen. Er wird zu mir kommen, um sich Rat zu holen, weil er weiß, dass ich drei Katzen habe, und ich werde ihm ganz schlau vorschlagen, dass es am besten wäre, eine Amme zu finden, bis das Kätzchen selbst zurechtkommt. Und hier kommst du ins Spiel, junge Dame.«

Mandy sah Amy eingehend an. »Sind Sie sicher?«

Er nickte wieder. »Im Grunde hat Ernie ein Herz aus Gold!« Walter lächelte. »Los, Mädchen, was hast du zu verlieren? Dieses Kätzchen wird in null Komma nichts ein Zuhause haben und wieder bei seiner Mutter sein!«

Und so trug Mandy das kostbare Bündel die Häuserreihe hinunter. Amy wand sich in ihren Händen und miaute kläglich. »Pst!«, flüsterte Mandy. Konnte sie es wirklich tun? Mandy war, als würde ihr das Herz stehen bleiben. Konnte sie das arme kleine Ding auf einer kalten Türschwelle zurücklassen?

Fast wollte sie umkehren. Aber was gab es für eine andere Möglichkeit? Sie hatte nicht einmal mehr zwei Tage. Sie zwang sich weiterzugehen und bückte sich zu Ernies Türschwelle herunter. Sie schloss die Augen, drehte sich um und rannte zu Walters Haus zurück.

»Jetzt müssen wir einfach abwarten«, sagte Walter. Sie standen im Haus an seiner Tür und lauschten auf Amys schwaches Wehklagen.

»Oh, schnell!«, flüsterte Mandy. »Bitte hör sie und komm schnell!«

Aber Ernies Tür blieb geschlossen.

Amy miaute in den höchsten Tönen. Würde Ernie es hören? Sie warteten. Mandy lehnte sich vor, denn sie wollte unbedingt sehen, ob mit Amy alles in Ordnung war. Aber Walter zog sie zurück. »Er darf dich nicht sehen!«, sagte er warnend.

Das Warten schien endlos. Minuten verstrichen. Amys dünnes Heulen hielt an.

Dann hörten sie endlich die Metallriegel an Ernies Tür. Sie hörten, wie das Sicherheitsschloss aufgeschlossen wurde. Quietschend öffnete sich die Tür. »Was zum…!«, sagte Ernie. Er brummte, als er sich hinunterbeugte. »O je!« Sie hörten ihn seufzen, während er das Kätzchen aufhob und seinen alten Rücken wieder streckte. Er trat hinaus und sah langsam den Weg hinauf und hinunter. Er trug Amy sogar ein paar Schritte in Richtung von Walters Haus, aber dann wandte er sich um und ging mit dem Kätzchen hinein.

»Und?« Mandy hielt noch immer den Atem an. Sie sah Walter an.

Walter lauschte. Er überlegte bedächtig. Dann streckte er eine Hand aus, den Daumen nach oben. »Ich denke, es hat geklappt!«, sagte er.

Sie mussten eine halbe Stunde warten, vielleicht noch länger, während sie Tee tranken und Mürbeteigplätzchen aßen, bevor sie Ernie den Weg zu Walters Tür hinunterschlurfen hörten.

»Bleib hier!«, mahnte Walter. »Und kein Wort!«
Mandy nickte.

»He, Walter«, sagte Ernie. Er steckte seinen Kopf zur Haustür hinein. »Du kennst dich doch mit Katzen aus!«

»So ist es, Ernie«, sagte Walter. »Zumindest weiß ich einiges über sie.« Mandy blieb außer Sichtweite hinten in der Küche sitzen, während Walter den Flur hinunterging, um Ernie zu empfangen. »Ja, was hast du denn da?« Es gelang ihm, ehrlich überrascht zu klingen.

»Ein Kätzchen«, sagte Ernie. »Was dachtest du denn?« Er hatte Amy in einen alten grauen Pullover gewickelt. »Es friert.« Er zeigte Walter das kleine Bündel.

»Kein Wunder«, sagte Walter. »Es ist ja noch ganz klein.«

»Es ist wie aus heiterem Himmel aufgetaucht«, sagte

Ernie. »Ich war gerade bei meinem Abwasch, als ich es draußen auf meiner Türschwelle Radau machen hörte! Ich nehme an, seine Mutter hat es dort abgesetzt. Eines zu viel im Wurf, um es säugen zu können!«

»Na, das ist wohl deine Woche für so was«, sagte Walter und ließ seine Stimme diesmal ausdruckslos klingen. »Erst das Eichhörnchen und jetzt das.«

»Keine Ahnung. Es ist einfach aufgetaucht.« Ernie stand mit hilflosem Blick da. Mandy spähte hinaus und konnte die beiden alten Männer im Licht, das durch den Türrahmen fiel, Kopf an Kopf stehen sehen.

»Na, also, ich schätze, du musst dieses Ding wieder loswerden«, sagte Walter. »Zwei Waisen zu versorgen, das wirst du nicht schaffen.«

Mandy schluckte und biss sich auf die Lippe. Wie konnte er nur? Wie konnte Walter so ein Risiko eingehen?

Aber Ernie sah Walter mit seinem Adlerblick an. »Wie meinst du das, ich werde das nicht schaffen?« Er wickelte Amy sorgsam ein. »Ich habe nicht die Absicht, es loszuwerden, Walter Pickard! Nein, dieses kleine Kätzchen wird hier bleiben!«

Mandy weinte. Sie weinte Tränen stiller Freude.

»Na gut, aber wie willst du es füttern? Sieh es an, das arme kleine Dingelchen. Es hat schon Hunger«, beharrte Walter. Ernie dachte eine Weile darüber nach. »Darum komme ich zu dir, Walter. Du kennst dich mit Katzen aus!«

Nun war es an Walter, verlegen und griesgrämig zu

schauen. »Es ist zu klein, als dass ich damit fertig werden könnte. Es braucht eine Katzenamme«, sagte er. »Eine, die noch eigene Junge säugt.«

Ernie streckte die Schultern und wollte wissen, wo man so etwas finden konnte. Eine Katzenmutter, die sein Kätzchen säugte, bis es entwöhnt werden würde. Konnte Walter von seinem Telefon aus bitte sofort die Tierklinik anrufen und so rasch wie möglich die Tochter des Tierarztes herholen? »Ich nehme an, sie wird so eine Katze kennen«, sagte Ernie und drückte Amy an seine Brust.

»Oh, bestimmt«, bestätigte Walter mit einem kleinen Lächeln.

Hinten in der Küche grinste Mandy. Walters Plan hatte perfekt funktioniert!

»Dann mal los, ruf sie an. Sag ihr, ich will sie in genau fünfzehn Minuten in meinem Haus sehen!«, beauftragte ihn Ernie. »Und sag ihr, sie soll etwas mitbringen, um ein winziges Kätzchen zu transportieren. Wir brauchen sofort eine Katzenmutter, sonst verhungert mein kleines Kätzchen!«

»In Ordnung!«, sagte Walter.

»In Ordnung!« Und Ernie marschierte mit Amy nach Hause.

Über das ganze Gesicht grinsend, kehrte Walter zurück. Mandy saß auf dem Küchenschemel und lächelte durch ihre Tränen hindurch. Sie hatten ein Zuhause für Amy gefunden. Endlich hatten sie immerhin einen guten Platz gefunden! Ob Ernie nicht vielleicht gleich Walton und ihre Jungen für ein paar Wochen aufnehmen konnte? Aber nein, fiel Mandy ein. Sie durfte Ernie nicht sagen, dass die Katze, die sein angeblich verwaistes Kätzchen säugte, eine Streunerin war, sonst würde er ihrem Trick schnell auf die Schliche kommen.

9. Kapitel

Mandy stattete Ernie einen Besuch ab und nahm ihren ausgepolsterten Pappkarton mit. Rasch und fachmännisch fütterte sie Amy, wozu sie die Pulvernahrung in einer winzigen Flasche mischte. Sie hielt Amy in einer Hand und massierte dann mit dem Zeigefinger ihren Bauch, um ihr bei der Verdauung und Ausscheidung zu helfen. Ernie verzog keine Miene.

»Das muss man machen, sonst verdauen sie nicht und bekommen Verstopfung«, erklärte Mandy. »Aus dem gleichen Grund lecken Katzenmütter ihre Jungen.«

»Und wie oft muss die Katzenmutter es säugen?«

»Die Kleine muss alle paar Stunden trinken. Und die Mutter hält sie auch warm«, sagte Mandy.

Ernie nahm sein Kätzchen hoch und verabschiedete sich unbeholfen. Seine Finger wirkten neben Amys winzigem Kopf dick und unförmig, aber sie lag ruhig in seiner Hand. Er widmete ihr seine ganze Aufmerksamkeit. Er senkte seinen weißhaarigen Kopf und schnalzte leise und aufmunternd mit der Zunge. Dann schaute er auf. »Ich werde sie Tiddles nennen!«, sagte er.

Mandy wollte schon protestieren, aber dann biss sie sich fest auf die Zunge. Sie konnte Ernie schlecht erzählen, dass Amy bereits einen Namen hatte. Sie schluckte und nickte. »Gute Idee.« Sie nahm Ernie das Kätzchen ab und setzte es behutsam in den Karton. »In sechs oder sieben Wochen wird sie groß genug sein, um nach Hause zu kommen«, versprach sie.

Und so wurde aus Amy Tiddles. »Toller Name, was?« Mandy begrüßte James mit den Neuigkeiten, als sie sich am nächsten Morgen im Dorf trafen. Aber Mandy war so entzückt, dass der Name kaum eine Rolle spielte. »Jetzt müssen wir nur noch drei unterbringen!«, sagte sie voll neuer Begeisterung für die Aufgabe. Der Morgen war sonnig. Die Sache begann richtig zu laufen.

James nickte. Er sah blass und müde aus.

»Was ist los?«, fragte Mandy. Sie spähte durch das Fenster der Poststelle, um sicherzugehen, dass ihr Zettel noch am Mitteilungsbrett hing.

»Nichts.« James schüttelte den Kopf und machte Anstalten, zur Schule aufzubrechen. Er vermied es, Mandy ins Gesicht zu sehen, während er murmelte: »Lass uns losfahren!«

»Nein, irgendwas stimmt doch nicht!«, beharrte Mandy. James war immer zurückhaltend und nur beim

Fußball ging er aus sich heraus. Aber heute machte ihn irgendetwas noch schweigsamer als sonst. Er hatte gar nicht richtig auf die Neuigkeiten von Amy reagiert. Er hatte nicht gesagt: »Toll. Gut gemacht. Ich wusste, dass du es schaffen würdest, Mandy!«

James schüttelte wieder den Kopf. Er starrte auf seine Turnschuhe hinunter.

Mandy legte eine Hand auf den Lenker seines Fahrrads. »Es ist etwas mit Benji, nicht wahr?«, fragte sie sanft.

Und James nickte.

»Oh, James, was ist los mit ihm?« Sie hätte sich selbst einen Tritt geben können. Sie war so mit ihren Neuigkeiten beschäftigt gewesen, dass sie den armen kranken Benji völlig vergessen hatte.

Aber James brachte kein Wort heraus. Er seufzte nur.

»Er wird wieder gesund, oder? Ich meine, sie bekommen ihn in der Tierklinik doch hin. Es ist nichts Ernstes, oder? Was haben Ma und Pa gesagt?« Mandy begann zu spüren, dass etwas Schreckliches passiert war. Sie hatte James noch nie so traurig gesehen.

Und schließlich rückte er damit heraus. »Benji ist tot«, sagte er. »Wir mussten ihn einschläfern lassen.«

Mandy rang nach Luft. Es war ihr, als gäbe der Boden unter ihren Füßen nach. Benji war tot. »Warum?« Sie konnte es nicht glauben.

Nun sprudelte die Geschichte aus James heraus. »Er hatte einen Gehirntumor. Wir wussten nicht, dass es etwas Ernstes war, er war nur am Wochenende etwas daneben. Wollte nicht fressen und so.« James hielt inne und holte tief Luft. »Er taumelte immer wieder. Mein Vater lachte und sagte, er hätte wohl am Samstagabend eine Sauftour gemacht. Er sah ziemlich schlecht aus, deshalb meinte meine Mutter, wir müssten ihn in die Tierklinik bringen.« Er hielt wieder inne und warf Mandy einen Blick zu. »Ich glaube, meine Mutter hat es gewusst«, sagte er.

Mandy nickte. »Und dann?« Kein Benji mehr, dachte sie. Kein Benji mehr, der zusammengerollt auf einem Stuhl im Wintergarten der Hunters schlief. Kein Benji mehr, der von dem Schrägdach aus durch das Badezimmerfenster sprang. Benji war immer da gewesen. Er gehörte zur Familie.

James zuckte die Achseln. Er starrte wieder angestrengt auf seine Füße. Mit gespreizten Beinen stand er über seinem Fahrrad, den Kopf gesenkt, unglücklich. »Meine Ma hat ihn gestern hingebracht. Da konnte er kaum stehen. Deine Mutter hat ihn untersucht.« Mandy begriff, dass es James in seinem ganzen Leben noch nie so schwer gefallen war, etwas auszusprechen. »Na ja, sie sagte, er hätte da eine Geschwulst im Gehirn. Und dass man in einem solchen Fall nichts tun könnte.«

Er schniefte. »Und deine Mutter erklärte, dass er große Schmerzen haben würde.«

»Und deine Mutter war einverstanden, ihn einschläfern zu lassen?«

James nickte. »Es wäre grausam gewesen, ihn am Leben zu lassen.«

Für eine Sekunde berührte Mandys Hand die von James. »Das stimmt«, sagte sie.

Dann herrschte tiefes Schweigen. Sie dachten beide an Benji. Den geduldigen alten Benji, der mit ihnen aufgewachsen war, den man immer hochheben konnte, egal wie, und der immer auf dem Schoß saß und sich das Kinn kraulen ließ. All die Jahre hatte er sich ihre unsanfte Behandlung gefallen lassen, ohne jemals böse zu werden. Er war ein großartiger Kater gewesen.

»Lass uns fahren!«, sagte James. Er warf Mandy einen Blick zu. »Ich habe meine Mutter gebeten, den Leuten in der Tierklinik zu sagen, dass sie dir nichts davon erzählen sollen. Ich wollte es dir selbst sagen.«

Mandy nickte und folgte ihm. Das Leben war, wie die Straße nach Walton, voller Höhen und Niederungen. Es muss schwer für James sein, mir an diesem Morgen bei der Versorgung der Kätzchen zu helfen, dachte Mandy. Er erledigte die Arbeiten wie üblich, vor der Schule und während der Mittagspause. Er hörte zu, wie Mandy Mrs. Williams erzählte, dass Amy alias Tiddles wieder wohlbehalten bei Walton war. Und dass ihre Zukunft gesichert war.

»Ich hoffe, dieser Ernie Bell weiß, was er mit diesem Kätzchen macht!«, sagte Mrs. Williams geziert. »Ich meine, Männer! Sie haben keine Ahnung, wie man sich richtig um jemanden kümmert. Sie sind einfach nicht dazu geschaffen!«

Mandy hob die Augenbrauen und warf einen Blick hinüber zu James. Er war damit beschäftigt, Smoky zu füttern. »Oh, da bin ich mir nicht so sicher«, sagte sie.

»Zumindest trifft das auf meinen Eric zu«, plapperte Mrs. Williams unbekümmert weiter. »Weißt du, er ist in dieser Beziehung ein bisschen altmodisch.«

Wie aufs Stichwort kam Mr. Williams schweren Schrittes zum Mittagessen herein. Schweigend aß er, wobei er das Treiben der Kätzchen in der hinteren Küchenecke mit mürrischen Blicken verfolgte. »Morgen ist Schluss!«, erinnerte er Mandy und James, als er nach seiner Mütze griff. »Vergesst das ja nicht!«

Schluss. Aus. Ende. Mandy hätte nicht geglaubt, dass es möglich war, jemanden so zu hassen, wie sie Mr. Williams in diesem Moment hasste. Er stampfte davon, den Gartenweg hinunter, wobei er da an einem Rosenbusch zupfte und dort eine Primel aufrichtete.

»Er muss fort, zu einem Termin beim Direktor!«, flüsterte Mrs. Williams Mandy zu. »Er ist hinbestellt worden!«

Mandy hob ihren Kopf. Das kann ich auch nicht ändern, dachte sie. Alles, was sie im Moment wirklich interessierte, war das Kätzchenproblem.

»Willst du nach der Schule gleich nach Hause gehen?«, fragte sie James auf dem Weg in den Nachmittagsunterricht.

James schaute auf das Schulwappen in der Eingangshalle. Darunter stand der Wahlspruch der Schule: PER ASPERA AD ASTRA – Durch viele Mühen zum Erfolg.

»Nein«, sagte er zu Mandy. »Ich werde wie üblich da sein.«

James musste während des ganzen Sportunterrichtes am Nachmittag an den armen Benji gedacht haben. Mandy hatte aus dem Fenster des Schullabors hinunter auf den Sportplatz geschaut und ihn unglücklich an der Seitenlinie herumstehen sehen, völlig entgegen seiner sonstigen Art.

Als sie sich nach der Schule trafen, wirkte er gefasst, ja sogar ruhig. »Ich will nur meine Mutter anrufen«, sagte er zu ihr. »Ich bin in einer Minute drüben.«

Also ging Mandy vor. Wie üblich nahm sie die Versorgung der Kätzchen ganz in Anspruch und es gelang ihr, die Sorgen um James beiseite zu schieben. Hingerissen beobachtete sie die kuschligen, herumwuselnden kleinen Tiere, ihre Ohren, die sich aufzustellen begannen, ihren heftigen Kampf um Nahrung und Überleben.

James kam herein, gerade als sie Eric zum Füttern aus dem Korb nahm. Sie reichte ihm das Kätzchen. »Hier, du versorgst Eric«, sagte sie.

Ein paar Minuten arbeiteten sie schweigend. Dann schob James seine Brille hoch, lehnte sich zurück und machte eine Ankündigung: »Ich würde gern Eric nehmen!« Er sagte das ziemlich direkt heraus, so wie: »Ich hätte gerne ein Mars!«, oder: »Tee mit Milch, aber ohne Zucker, bitte!«

Mandy starrte ihn an. »Was hast du gesagt?«

»Ich würde gerne Eric nehmen«, wiederholte er. »Ich habe darüber nachgedacht und ich würde gern Eric zu mir nehmen!«

»Bist du sicher?« Mandy setzte Smoky in den Korb zurück. »Ich meine, bist du sicher, dass das nicht zu schnell nach... ich meine, bist du ganz sicher?«

»Ja. Ich habe Ma angerufen. Sie ist einverstanden. Wenn wir uns nach Benji eine andere Katze anschaffen wollen, sollten wir das gleich tun.« Er schaute hinunter, auf das neue kleine Leben in seinem Schoß, halb traurig, halb glücklich. »Und ich bin sicher, Benji hätte nichts dagegen!«

Mandy tanzte in der Küche herum. »Oh, super!«, sagte sie. »Hörst du das, Walton? Oh, toll! Oh, James!« Sie strahlte über das ganze Gesicht. Walton miaute.

Es gab so vieles zu regeln. Wenn Mr. Williams die Kätzchen am nächsten Tag hinauswerfen würde, sollte James dann Eric nach Hause mitnehmen oder konnten sie eine Möglichkeit finden, die Jungen bei Walton zu lassen, bis sie entwöhnt waren? Ein Zuhause für die Übergangszeit. Sie sahen Mrs. Williams an, die unschlüssig mit ihrem Einkaufskorb in der Tür stand.

»Fragt nicht mich!«, schimpfte sie vor sich hin. »Eric ist genau in dieser Minute beim Direktor. Gott weiß, was aus uns allen wird!« Sie ging kopfschüttelnd und mit zusammengepressten Lippen hinaus.

»Könnten wir Walton und die Babys nicht bei euch unterbringen, bis die Kleinen so weit sind?«, fragte Mandy James hoffnungsvoll.

Aber James schüttelte den Kopf. »Meine Mutter erlaubt mir nur eine einzige Katze. Und ich weiß auch nicht, was Blackie zu so einer kätzischen Übermacht sagen würde...«

»Okay, dann müssen wir eben weitersuchen«, sagte Mandy, als sie zu ihren Fahrrädern hinausgingen. »Ein Zuhause für die Übergangszeit. Immerhin haben wir schon zwei gute Plätze gefunden. Zwei großartige Plätze!« Mandy hätte vor Freude singen können, während sie nach Hause radelten.

»Jetzt müssen wir nur noch zwei unterbringen!«, verkündete Mandy ihrer Mutter und warf ihre Schultasche in die Ecke des Flurs. Sie erzählte ihrer Mutter von James' Entscheidung, Eric zu nehmen. »Vermutlich ist er das missmutigste Kätzchen von allen, genauso missmutig wie der Mann, von dem er seinen Namen hat«, scherzte sie. »Aber James scheint ihn zu mögen!«

Mrs. Hope lächelte. »Er ist ein feiner Kerl.« Dann bat sie Mandy, in der Küche zu helfen. »Dein Pa ist in einem Notfall unterwegs. Eines von Mrs. Janekis Schafen. Aber dein Opa hat angerufen, um Bescheid zu sagen, dass sie wieder da sind.«

Mandy nickte. »Hatten sie eine schöne Zeit?«

»Das hat er nicht gesagt. Aber er sagte, dass deine Oma eine Antwort vom Premierminister bekommen hat.« Mrs. Hope sah verwundert aus. »Kann das sein?«

»Ja. Das ging aber schnell.« Mandy fragte, ob sie zu ihnen hinauflaufen dürfte.

»Nach dem Abendessen«, sagte Mrs. Hope. Sie musste ihre Tochter immer bremsen, damit sie etwas aß. »Warum soll ich diese ganzen vegetarischen Mahlzeiten für dich zubereiten, wenn du dich nicht mal hinsetzt und sie isst!«, beschwerte sie sich.

Mandy umarmte sie. »Ist gut, Ma, ich gehe erst nach dem Abendessen!«

Das Wohnmobil stand in der Auffahrt, schmutzig, aber stolz.

»Tag, Oma! Tag, Opa!«, platzte Mandy herein. Sie erzählte die guten Neuigkeiten von Tiddles (»Was für ein Name!«) und Eric. Sie sagte, dass James ein Held sei, ein richtiger Held!

»Oho!« Ihr Großvater hob die Augenbrauen.

»Nein, Opa, nicht was du denkst.«

»Das sagen alle. Ich glaube, Mandy hat eine Schwäche für den jungen James.«

»Hör auf sie zu hänseln, Thomas!«, ermahnte ihn Mandys Großmutter. »Überhaupt ist sie gekommen, um meinen Brief vom Premierminister zu sehen, stimmt's, Liebes?«

Mandy nickte und lachte. »Tut mir Leid, Oma. Aber die Kätzchen haben mich die ganze Zeit beschäftigt. Hattet ihr einen schönen Urlaub?«, fragte sie.

»Ja,« sagte die Großmutter nach einer kleinen Pause. »Aber was diesen Brief aus London betrifft.... Schau mal, offizielles Briefpapier!« Sie wedelte mit der Antwort vor Mandys Gesicht herum.

»›Ja‹ bedeutet ›Ja, aber!‹«, warf der Großvater ein. »Und dann wechseln wir rasch das Thema!«

»Warum, was ist passiert? Hat das Wohnmobil eine Panne gehabt?«

»Eine Panne gehabt! Das soll wohl ein Witz sein!«

»Natürlich nicht«, sagte Mrs. Hope. »Das Wohnmobil war perfekt. Aber das Wetter am Meer nicht.«

»Nicht sonnig?«

»Völlig verregnet«, räumte Mrs. Hope ein. »Zweiundvierzig Stunden nichts als Regen. Wir haben mitgezählt!«

»Ach«, sagte Mandy. »So etwas Dummes.«

»Ja, aber dieser Brief hier, schau!« Die Großmutter schwenkte ihn, bevor sie zu lesen begann:

»›Sehr geehrte Mrs. Hope,
der Premierminister bestätigt hiermit den Erhalt Ihres Briefes. Er hat Verständnis für Ihre Sorge um den Fortbestand Ihrer örtlichen Poststelle, bat mich jedoch, Sie darauf hinzuweisen, dass laut Regierungsbeschluss diese Angelegenheit in die Kompetenz des zuständigen Staatssekretärs fällt.

Daher hat er mich gebeten, die Sache an das zuständige Ministerium weiterzuleiten.

Hochachtungsvoll,

E.B. Whyte (Sekretariat des Premierministers).‹

Bitte schön!« Mrs. Hope warf den cremefarbenen Brief auf den Tisch.

»Was heißt das?«, fragte Mandy. »Werden sie McFarlane's nun schließen oder nicht?«

»Es heißt nicht Ja, es heißt nicht Nein. Es heißt überhaupt nichts!«, sagte die Großmutter ungehalten.

»Es heißt, dass sie die Verantwortung einem anderen zugeschoben haben«, sagte der Großvater. »Wie üblich.«

»Aber damit werden sie nicht davonkommen!«, sagte die Großmutter mit Nachdruck.

»Achtung, Liebes, sie ist auf dem Kriegspfad!«, flüsterte der Großvater deutlich hörbar.

Die Großmutter achtete nicht auf ihn. »Wir werden eine Kampagne starten. ›Rettet unsere Poststelle!‹« Sie stand auf und durchquerte den Raum.

Mandy lächelte vor sich hin. Ihre Oma war ja richtig in Fahrt.

»Ich muss natürlich alles organisieren!« Die Augen der Großmutter glitzerten.

Plötzlich ging Mandy ein Licht auf. Genau gesagt, ein ganzer Kronleuchter. Bedeutete dies, dass ihre Großeltern sich wieder dauerhaft in Welford einrichten würden?

»Das wird eine Menge Zeit und Energie kosten, Oma«, stellte sie fest.

»Na und?« Die Großmutter fegte durch den Raum. »Es ist wichtig! Um genau zu sein, lebenswichtig! Wir werden ein Emblem für unsere Kampagne entwerfen. Eine Herzform, um zu zeigen, dass unsere Poststelle zum Herzen des Dorfes gehört!« Ihr Haar löste sich aus der Einschlagfrisur und sie blickte kampfeslustig.

»Bin ich froh, dass ich nicht der arme Premierminister bin!«, lachte der Großvater.

»Heißt das, ihr fahrt vielleicht nicht nach Portugal?«, fragte Mandy. »Ich meine, ihr müsst vielleicht öfter zu Hause bleiben, um diese Kampagne zu führen.«

Die Großmutter blieb stehen.

»N...nun«, sagte sie. »Wir werden vielleicht nicht ganz so weit reisen, wie wir es vorhatten.« Sie warf Mandy ein kleines Lächeln zu. »Tatsache ist, dass wir euch alle schrecklich vermisst haben. Dich und deine Mutter und deinen Vater und dieses alte Haus!« Sie seufzte. »Wir sind eben doch nur zwei sentimentale alte Leute!«

»Und dann sind da noch meine Tomaten«, sagte der Großvater bedächtig. »Ich muss mit meinen Tomaten reden!«

Mandy schaute sie an und konnte die Frage, die ihr auf der Zunge lag, einfach nicht mehr zurückhalten. Sie holte ganz tief Luft. »Heißt das, ihr wärt vielleicht doch bereit, ein Kätzchen zu nehmen?«

Ihre Großeltern lächelten beide breit und umarmten sie. »Wir dachten, du würdest niemals fragen!« Sie sahen sich an. Offenbar hatten sie die ganze Zeit darüber nachgedacht, während sie am verregneten Meer gewesen waren.

»Smoky!«, sagte Mandy atemlos. »Und... könntet ihr Walton vielleicht ein paar Wochen aufnehmen, bis die Kleinen entwöhnt sind?«

»Unter zwei Bedingungen«, erwiderte die Großmutter.

»Welche?« Mandy glühte vor Freude. Ein Zuhause für das dritte Kätzchen. Ein Zuhause, das von der Tierklinik nur einen Steinwurf entfernt war. Und dazu auch noch ein vorübergehender Platz für die ganze Katzenfamilie! Mandy konnte es nicht fassen.

»Erstens musst du dich bereit erklären, heraufzukommen und Smoky zu füttern, jedes Mal wenn wir für ein paar Tage verreisen«, sagte die Großmutter. »Wenn wir mit dem Wohnmobil ins schöne Wales oder sonst irgendwohin fahren.«

Das konnte man kaum eine Bedingung nennen! Mandy nickte stumm. Liebend gern wollte sie Smoky füttern. Dann gehörte er zur Hälfte ihr, oder? Sie saß nur da und nickte.

»Zweitens!«, sagte der Großvater stirnrunzelnd und versuchte ernst auszusehen. »Du musst versprechen, meine Tomaten zu gießen!«

»Oh, ja«, sagte sie. Sie würde sogar mit ihnen reden. »Ja, ja!«

10. Kapitel

Der Donnerstag kam und Mandy erwachte, zu drei Vierteln glücklich, zu einem Viertel traurig. Wegen Patch war es ihr unendlich schwer ums Herz. Armer kleiner Patch, das einzige Kätzchen, das noch kein Zuhause hatte.

Mrs. Hope sah sie über den Frühstückstisch hinweg an. »Was ist los?«, fragte sie.

»Du weißt, was heute für ein Tag ist«, sagte Mandy unglücklich.

»Donnerstag«, warf ihr Vater hilfsbereit über den Rand seiner Zeitung hinweg ein.

»Ja, Donnerstag. Und ich habe Plätze für drei der Kätzchen in Mr. Williams' Küche gefunden, aber es ist immer noch eines übrig! Heute läuft die Frist ab!«

»Hat die Katzenmutter noch nicht beschlossen, an einen neuen Platz umzuziehen?«, fragte Mr. Hope.

Mandy schüttelte den Kopf. »Nein, sie ist immer noch dort in der Küche, im Wäschekorb. Und heute ist der Tag, an dem *der* sie hinauswirft!«

»Du meinst Mr. Williams«, korrigierte Mrs. Hope. »Nicht ›der‹. Also was passiert jetzt?«

»Oma und Opa sagen, es würde ihnen nichts ausmachen, wenn die Jungen und Walton zu ihnen kommen, bis die Kätzchen entwöhnt werden.« Mandy lächelte sogar ein wenig. Es war ganz schön knapp gewesen.

»Aber?«, fragte Mrs. Hope.

»Aber sie sagen das Gleiche wie ihr. Sie sagen, ich muss ein Zuhause für Patch finden. Sonst wäre es grausam, ihn am Leben zu lassen!« Ihre Augen füllten sich mit Tränen. »Armer Patch!«

»Das stimmt. Du kannst ihn nicht einfach aussetzen und ihn sich selbst überlassen, wenn es so weit ist. Er muss ein Zuhause haben!« Selbst ihr weichherziger Vater sagte das jetzt. Das, was sie nicht hören wollte.

»Pa!«, rief sie.

»Da gibt es kein ›Pa‹!«, sagte Mrs. Hope fest. »Schau, Mandy, du hast Großartiges geleistet, indem du diese drei Plätze gefunden hast. Wir sind stolz auf dich!«

»Hör auf!« Tränen liefen Mandy die Wangen hinab. Mrs. Hope warf ihrem Mann einen Blick zu. Mandy glaubte durch die Tränen einen Hoffnungsschimmer im Gesicht ihrer Mutter zu entdecken.

»Hör zu, Schatz, ich komme heute Mittag hinüber zur Schule und treffe dich, in Ordnung?«, sagte Mrs. Hope.

»Wozu?«, fragte Mandy schniefend und wischte sich die Augen.

»Wart's ab. Ich kann im Moment nichts versprechen.« Mrs. Hope lächelte und tätschelte Mandys Hand. »Wart's einfach ab.«

Mandy war zutiefst bekümmert, als sie am Mittag Patch fütterte. James war mit dem kleinen Eric beschäftigt und die anderen beiden Kätzchen kuschelten sich bereits wieder in den Korb, als es an der Tür klopfte.

»Hallo. Ist Mandy da?«, sagte eine Stimme zu Mrs. Williams.

Mandy erkannte ihre Mutter, doch es tat zu weh, hinunter in Patchs kleines Gesicht zu schauen, dessen Augen immer noch geschlossen waren. Sie ertrug den Gedanken daran nicht, was vielleicht mit ihm geschehen würde.

»Mandy?«, sagte ihre Mutter wieder.

Mandy schaute auf.

»Ich habe jemanden mitgebracht.« Mrs. Hopes Stimme war sanft, aber bestimmt wie immer. »Kommen Sie herein und lassen Sie uns den kleinen Kerl ansehen.«

Mandy war plötzlich von Menschen umgeben und wurde von den Zukunftsängsten weg zurück in die Gegenwart geholt. Sie riss sich zusammen. »Entschuldigung«, sagte sie und stand auf, Patch behutsam in ihren Händen haltend. Ihr Blick fiel auf die Besucher: Miss Marjorie und Miss Joan Spry!

Was, in aller Welt, hatte Mrs. Hope vor? Mandy richtete sich auf, bereit zum Protest, doch ihre Mutter warf ihr einen viel sagenden Blick zu.

»Dies ist das Kätzchen, wegen dem Mandy zu Ihnen kam«, erklärte Mrs. Hope ruhig. »Und ich bin sicher, sie wird sich dafür entschuldigen, dass sie so ungezogen war und fortgelaufen ist.« Sie lächelte Mandy aufmunternd zu. Mandy wurde rot und nickte wortlos.

Die beiden Schwestern nickten zurück und schauten auf Patch herunter. Neugierig streckten sie ihm ihre schmalen Gesichter entgegen. Schweigend sahen sie einander an.

Mandy hatte ihren Schrecken überwunden. Sie vertraute darauf, dass ihre Mutter wusste, was sie tat. Und heute sahen die Zwillinge auch nicht so seltsam aus. Ihr unordentliches Haar war unter Strohhüten zurückgekämmt und ihre pastellfarbenen Sommermäntel ließen sie wie wunderliche Hochzeitsgäste aussehen.

»Das ist das einzige Kätzchen, das noch kein Zuhause hat«, sagte Mandy. Sie bot Patch einem der Zwillinge an, ohne zu wissen, wer es war.

Die Frau schüttelte den Kopf. »Nein, gib es Joan. Sehen wir, ob sie es mag«, sagte Miss Marjorie. »Sie hat versprochen, dass sie versuchen will, es zu mögen!«

Mandy hielt das Kätzchen der anderen Schwester hin. Mit zitternden Händen nahm Miss Joan das kleine Fellbündel und wiegte es. Sie ging mit ihrem Gesicht dicht an das Kätzchen heran, das ihren Finger leckte. »Wie heißt es?«, flüsterte sie atemlos.

»Patch«, sagte Mandy und hielt selber den Atem an. »Er ist erst eine Woche alt!«

Joan sah ihre Schwester an. Mandy spürte die knisternde Spannung, die in der Luft lag. Würde Miss Joan Ja sagen? Würde sie Patch ein Zuhause und eine Zukunft geben?

»Ja«, sagte Miss Joan endlich. »Ich glaube, ich mag ihn!«

»Natürlich tust du das! Was habe ich dir gesagt!«, rief Miss Marjorie.

Und dann lächelten alle und beglückwünschten sich gegenseitig. Sie hörten zu, als Mandy Anweisungen gab, wie das Kätzchen behandelt werden musste. »Man darf ihn nicht knuffen, nicht zu fest drücken und nicht zu viel stören! Wir sollten ihn nun wieder zu seiner Mutter setzen. Die Aufregung ist zu viel für ihn«, erklärte sie, während sie den quiekenden Patch in sein warmes, dunkles Nest zurücklegte.

Die Zwillinge lächelten, bedankten sich bei Mandy und gingen Arm in Arm glücklich über die Veranda davon.

»Siehst du!«, sagte Mrs. Hope, den Kopf auf die Seite gelegt. »Habe ich nicht gesagt, sie sind harmlos? Du musst lernen, dass alle Menschen verschieden sind, aber deswegen sind sie noch lange nicht böse. Dieses Kätzchen ist das Beste, was den Zwillingen seit unendlich langer Zeit passiert ist!«

Mandy lachte und umarmte ihre Mutter. »Oh, danke!«, sagte sie. Ihr war ein Stein vom Herzen gefallen. Sie seufzte und schaute nach den Kätzchen. Zusammengerollt, behaglich und warm an Waltons schlafenden Körper geschmiegt, lagen sie da. »Gute Plätze für alle! Wir haben es geschafft!«

»Ihr habt es geschafft«, sagte Mrs. Hope. »Du und James!«

Sie sahen einander mit einem breiten Lächeln im Gesicht an. James wurde rot, noch bevor Mandy ihn umarmte.

Als Miss Marjorie noch einmal für einen Moment hereinkam, sprang James zurück. Sie ging in ihrem blassgelben Mantel geradewegs auf Mandy zu, zart wie ein Kanarienvogel. »Danke, meine Liebe!«, sagte sie und tätschelte Mandys Hand. »Danke, dass du wieder Leben in unser dunkles, trübseliges Haus gebracht hast. Das haben wir alles dir zu verdanken!« Sie strahlte und nickte James leicht zu. »Ich gehe jetzt am besten zu meiner Schwester zurück. Wir werden im Wagen auf Sie warten«, sagte sie zu Mrs. Hope, bevor sie wieder davontrippelte.

»Jetzt glücklich?«, fragte Mandys Mutter.

In Mandys Augen glänzten wieder Tränen. Als sie nickte, wären sie ihr beinahe die Wangen hinabgekullert. Diesmal brachte Mandy kein einziges Wort heraus!

Der Nachmittagsunterricht endete und der große Umzug begann. »Es ist Zeit für ein neues Nest, Walton«, sagte Mandy sanft. »Und du musst dich nicht mal selbst darum kümmern, du glückliche Katze!«

»Bist du sicher, dass es jetzt möglich ist?«, fragte Mrs. Williams nervös. Von ihrem Mann war keine Spur zu sehen. Es war ein drückender Tag und Regen drohte, als das Wohnmobil von Mandys Großeltern auf den Schulhof gefahren kam. »Walton wird die Kätzchen jetzt nicht mehr verlassen?« Mrs. Williams stand an der Küchenspüle und umklammerte ein Geschirrtuch.

»Nein, es wird alles gut gehen, Mrs. Williams. Keine Sorge!« Mandy schaute auf und begriff, dass die alte Dame trotz allem Walton und die Kätzchen vermissen würde. Sie lächelte. »Ehrlich, Walton würde jetzt auf Leben und Tod um sie kämpfen. Sie hat eine starke Bindung zu ihnen entwickelt. Dank Ihnen, natürlich!«

»Oh!« Mrs. Williams hob abwehrend die Hände und lächelte bescheiden.

»Ja, Sie haben Ihnen gute Voraussetzungen verschafft. Jetzt werden meine Oma und mein Opa auf sie aufpassen!«

»Und dann?« Mrs. Williams faltete ihr Geschirrtuch zu einem ordentlichen Rechteck zusammen. Sie legte es auf das Abtropfbrett und glättete es sorgfältig.

»Dann wird James Eric nehmen und ihm ein Zuhause geben«, sagte Mandy und reichte ihm das Kätzchen.

»Und meine Frau und ich werden diesen kleinen Kerl behalten«, sagte der Großvater und hob Smoky in einer Hand hoch.

»Ernie Bell wartet darauf, Amy ... ähm ... Tiddles zu

bekommen. Und Patch hat jetzt ein Zuhause in der Villa Riddings gefunden!« Mandy zählte sie an ihren Fingern ab.

Mrs. Williams schiefte und nickte. »Und was ist mit Walton?«

Mandy schaute James an. »So weit sind wir noch nicht!«

James zuckte die Achseln. »Wir haben noch ein bisschen Zeit, das zu klären.«

»Also, ich werde ein Wort mit meinem Eric reden müssen«, sagte Mrs. Williams. Doch mehr sagte sie nicht.

Und so fuhren sie glücklich in dem silbernen Wohnmobil davon. Katze und Junge, James, Mandy und ihr Großvater.

In der sonnigen Wärme des großelterlichen Hauses kam Walton rasch wieder zu Kräften. Nach drei weiteren Wochen begannen Smoky, Patch, Tiddles und Eric herumzutollen. Sie jagten alles, was sich bewegte. Sie saßen auf Mr. Hopes Rasen und warteten darauf, dass sich Falter auf dem purpurnen Schmetterlingsstrauch niederließen. Unbeweglich wie Statuen hielten sie Ausschau und warteten. Dann sprangen sie los und stürzten sich auf sie. Sie erwischten nie einen. Sie schlugen endlose Purzelbäume. Mandy bewertete sie wie Hochleistungsturner, die ihre Bodenübungen machten, mit bis zu zehn Punkten.

James kam oft, um nach Eric zu schauen. Er lag mit

aufgestützten Ellbogen auf dem Rasen, eine Computerzeitschrift vor sich ausgebreitet. Er tat, als würde er lesen, aber in Wirklichkeit verfolgte er jede Bewegung von Eric. Wenn der mit den Vorderpfoten missmutig nach den beiden Rabauken Smoky und Patch schlug, wenn er im Schatten der Rhabarberblätter schmollte – James beobachtete alles ganz genau.

»Keine Sorge«, sagte Mandy. »Eine Woche bei dir zu Hause und er ist so sanftmütig und geduldig wie der arme alte Benji. Das ist der magische Einfluss der Hunters auf Katzen!«

James schaute von seiner Zeitschrift auf und lächelte.

Mandy ging regelmäßig ins Dorf hinunter, um Ernie von Tiddles' Fortschritten zu berichten. Ernie stellte endlose Fragen zu seinem Kätzchen und wartete mit äußerster Ungeduld auf den Tag, an dem er es nach Hause bekommen würde. »Heda!«, warnte er Sammy und schubste das Eichhörnchen von seiner Schulter. »Hör auf, an meinem Ohr zu knabbern, du!«

Das Eichhörnchen, das in Ernies Küche frei herumlaufen durfte, kletterte seinen Rücken herunter, um seine Taille herum, und klammerte sich an seine Gürtelschnalle.

Mandy lachte. »Er wird eifersüchtig sein, wenn Tiddles kommt!«

»Und er hat allen Grund dazu«, sagte Ernie. »Ich kann es kaum erwarten, dass das Kätzchen nach Hause kommt!«

Im »Haus Flieder« säugte Walton die vier Kätzchen immer seltener, beobachtete, wie sie feste Nahrung zu fressen begannen, und wurde der Mutterschaft ziemlich überdrüssig. Sie bevorzugte nun eine stille Ecke unter dem Gemüseständer in der Küche, wo es etwas friedlicher war. Ihre Aufgabe war beinahe erfüllt.

Die Pfingstferien kamen. Draußen grünte und blühte es überall. Alle packten ihre Sachen und fuhren nach Hause.

»Na, wie geht's?«, brummte Mr. Williams Mandy als Gruß zu. Sie schloss gerade ihr Fahrrad auf.

Sie schaute auf. Es war ungewöhnlich, dass der Hausmeister dieser Tage überhaupt mit ihr sprach, und es war Wochen her, seit sie seine Frau zum letzten Mal gesehen hatte. »Oh, bestens!«, murmelte sie.

Sie hatte es ihm nicht verziehen, dass er diese schreckliche Drohung über die Kätzchen verhängt hatte, auch wenn die Sache letztlich gut ausgegangen war. Sie tat ihr Bestes, um dem Hausmeister nach Möglichkeit aus dem Weg zu gehen. Hastig machte sie sich fertig, um nach Hause zu fahren.

»Wie geht es deinen Kätzchen?«, brummte Mr. Williams mit seiner tiefen, rauen Stimme. »Sind mittlerweile ganz schön groß und kräftig, nehme ich an?«

Mandy nickte.

»Und ich höre, du hast Leute gefunden, die bereit sind, sie aufzunehmen?«, fuhr er unbeirrt fort. Eine Hand ruhte auf seinem kostbaren Gartentor, aber er sah aus wie jemand, der etwas im Sinn hatte.

Ach, lass mich doch einfach in Ruhe!, dachte Mandy bei sich.

Aber stattdessen sagte er: »Komm mal eine Sekunde her«, und warf einen verstohlenen Blick auf die Stores am Küchenfenster. »Ich will mit dir reden!«

Dies hatte zur Folge, dass Mandy am ersten Tag ihrer Pfingstferien wieder zur Schule radelte. Hinten auf ihrem Fahrrad hatte sie einen Korb sorgfältig festgebunden. Wer hätte das gedacht?, sagte sie zu sich, als sie den Korb hochhob, hineingriff und Walton vorsichtig in die Arme nahm.

»Komm, Walton, komm, Mädchen!«, murmelte sie.

»Pst!«, machte Mr. Williams und deutete auf die Veranda. »Es ist immer noch ein Geheimnis!«

Mandy nickte und setzte Walton auf den Boden. Graziös, damenhaft und elegant wie ein Mannequin auf dem Laufsteg lief Walton zur Veranda, schnüffelte an den Holzscheiten, prüfte die Türmatte und drückte mit der Pfote gegen die Tür. Sie ging auf.

»Eric?«, rief Mrs. Williams aus der Küche. Mandy lächelte den Hausmeister an. »Eric!«, sagte Mrs. Williams wieder. Ihre Stimme klang hoch und erstaunt. »Eric, diese Katze ist gerade in die Küche gelaufen gekommen, als würde ihr das Haus gehören!«

Sie gingen hinein, um nachzusehen, und da war Mrs. Williams, die auf die vertraute schwarz-weiße Gestalt herunterstarrte. »Wie ist sie hierher gekommen? Ist sie hergelaufen?«, wollte Mrs. Williams wissen.

Ihr Mann lachte unsicher. »Nein, die Sache ist so, Amy. Ich habe diese junge Dame hier gebeten, sie zu dir nach Hause zurückzubringen!«

Mrs. Williams schaute zu ihm empor und ihre Augen füllten sich mit Tränen. »Oh, Eric!«

»Ja, also!« Er sah verlegen aus. »Ich wusste, dass du dich wegen dieser dummen Katze grämst.« Er wandte sich halb an Mandy. »Sie hat mich deswegen totgeschwatzt! Sie ist viel zu weich, meine Frau!«

Mandy beobachtete, wie Walton um Mrs. Williams' Beine strich und laut schnurrte. Sie schaute suchend in ihrer Ecke nach Futter und blickte auf, als wollte sie sagen: »Also, wo ist es?« Sie lachten, gaben ihr eine Schale Milch und die Aufregung um ihre Heimkehr war groß.

»Also werden wir sie mitnehmen?«, fragte Mrs. Williams, die den Sinneswandel ihres Mannes immer noch nicht fassen konnte.

»Warum, wo gehen Sie hin?«, fragte Mandy.

»Eric gibt seine Arbeit auf.«

»Er ist doch nicht...?« Mandy sah das alte Paar ängstlich an. Hatte die Arthritis Mr. Williams letztendlich doch besiegt?

»Nein, er ist nicht entlassen worden«, sagte Mrs. Williams. »Nein, eigentlich wollte der Direktor ihn nur sehen, um ihn zu bitten, über das Pensionsalter hinaus zu bleiben. Er sagte, er würde niemals einen anderen Hausmeister finden, der so gut ist wie Eric!«

»Dummes Zeug«, sagte Mr. Williams.

»Doch, das hat er gesagt, Eric! Aber als er nach Hause kam und wir darüber sprachen, beschlossen wir von uns aus, es genug sein zu lassen. Wir werden alt und wir wollen auf unsere alten Tage ein wenig Ruhe und Frieden haben.«

Mr. Williams nickte. Er beobachtete Walton, die sich nach dem Trinken putzte. Sie saß auf dem Fensterbrett und putzte sich mit der Vorderpfote hinter den Ohren. »So was!«, sagte er verblüfft.

»Ich sagte Ihnen doch, es sind nette, saubere Tiere!«, lachte Mandy.

»Also haben wir beschlossen, in Pension zu gehen!«, verkündete Mrs. Williams. »Wir interessieren uns für eines der neuen Häuser gleich oben an der Straße!«

»Eine ruhige kleine Sackgasse und viel Garten!«, fügte Mr. Williams hinzu.

»Perfekt für Walton?« Mandy konnte nur mit Mühe verhindern, nicht über das ganze Gesicht zu grinsen.

Der Hausmeister sah seine Frau an und lächelte. »Ich denke doch«, sagte er kopfschüttelnd.

»Und ist es in Ordnung, wenn ich Walton in der Tierklinik für die Operation anmelde?«, fragte Mandy.

»Operation?«, wiederholte Mr. Williams langsam.

»Ja, damit sie keine Jungen mehr bekommt.«

»Oh«, sagte er verlegen. »*Diese* Operation!«

»Ja, Sie wollen doch sicher keine Kleinen mehr, die Ihre Küche durcheinander bringen und zwischen Ihren besten Hemden sitzen!«

Mr. Williams wurde knallrot. Er sah seine Frau etwas einfältig an, dann trat ein breites Lächeln auf sein Gesicht. »Da hast du Recht!«, pflichtete er Mandy bei.

Und so leitete Mandy alles in die Wege. Sie wollte nichts davon wissen, dass die Williams' für Waltons Kastration bezahlten. Sie wusste, dass ihre Eltern ebenso dachten. Sie sagte, sie würde für Walton einen Termin am kommenden Montag ausmachen. Mandy nahm die Hand, die ihr Mr. Williams hinhielt, und schüttelte sie herzlich.

»Du bist mir nicht mehr böse?«, fragte er.

»Überhaupt nicht!«, erwiderte sie.

Mandy radelte auf der Straße über das Moor nach Hause. Sie schwebte buchstäblich in den Wolken. Die Straße führte auf dem Kamm des Hügels entlang. Kiebitze flatterten über ihr am Himmel und in allen Richtungen erstreckte sich die hügelige Moorlandschaft. Alles war perfekt!

Sie fuhr abwärts auf Welford und die Tierklinik zu. Sie musste reinschauen, um zu sehen, ob ein anderer Hilfe brauchte – vielleicht ein verirrter Igel, der in die »Arche« gekommen war, oder ein »männlicher« Hamster, der gerade sechs Junge zur Welt gebracht hatte! (»In der Tierhandlung haben sie gesagt, es wäre ein Männchen, ehrlich!«)

Der Wind zerzauste Mandys Haar. Sie legte den Kopf zurück und streckte die Beine zur Seite aus, um sich den Hügel hinunterrollen zu lassen. Und sie lachte dabei befreit auf.

Lucy Daniels

Die Tier-Freunde

Alle helfen Alex

Mit Illustrationen von
Shelagh McNicholas

Aus dem Englischen von
Angelika Feilhauer

Der echten Amber

Rudolph, das Rentier mit der roten Nase

Du kennst Dasher und Dancer und Francer und Vixon,
Carnet und Cupard und Donner und Blitzen.
Doch erinnerst du dich
an das berühmteste Rentier von allen?

Das Rentier Rudolph hatte eine rote Nase,
die blinkte und glänzte,
und hättest du ihn je gesehen,
du würdest sogar sagen, dass sie leuchtet.

All die anderen Rentiere
verlachten und verspotteten ihn,
und niemals ließen sie den armen Rudolph
bei einem ihrer Rentierspiele mitmachen.

Doch eines nebligen Weihnachtsabends
sagte der Weihnachtsmann:
Du, Rudolph mit deiner leuchtenden Nase,
willst du meinen Schlitten durch die Nacht geleiten?

Und da liebten ihn die Rentiere
und riefen ausgelassen:
He, Rudolph mit der roten Nase,
du wirst Geschichte machen!

1. Kapitel

Und du bist sicher, dass du weißt, was du tust, Mandy?«, fragte Großvater Hope, als Mandy seinen Kater Smoky auf den Küchentisch hob. Sie waren im Häuschen von Mandys Großeltern, das den hübschen Namen »Haus Flieder« trug.

»Na, na«, sagte die Großmutter. »Also bitte, Tom, du kannst doch sehen, dass die Katze in guten Händen ist. Hör auf dir Sorgen zu machen und lass Mandy ihre Arbeit tun.« Sie beeilte sich, ein Fläschchen Reinigungsmilch, eine Schüssel mit heißem Wasser und etwas Watte zu holen.

»Wir brauchen ein Handtuch«, sagte Mandy. »Smoky wird es nicht gefallen, wenn seine Ohren geputzt werden. Er wird seinen Kopf schütteln und dann spritzt die Flüssigkeit überall hin.«

Der Großvater holte ein rot gestreiftes Handtuch und breitete es auf dem Tisch aus. »Das Zeug ist auch nicht zu heiß?«

Mandy hielt die Flasche in das heiße Wasser, während Smoky auf dem Tisch umherspazierte und neugierig schnupperte.

»Tom!«, sagte die Großmutter. »Warum gehst du nicht ins Wohnzimmer und liest eine nette Gartenzeitschrift, bis wir hier fertig sind? Ich weiß nicht, wie es Mandy geht, aber mich machst du nervös!«

Mandy lächelte. »Ist schon in Ordnung. Mich stört das nicht.« Im Leben ihres Großvaters gab es zwei Dinge, um die er sich Sorgen machte: seinen Garten und seinen Kater. Er hatte auch als Erster bemerkt, dass mit Smokys Ohren etwas nicht stimmte. Er hatte Mandy erzählt, dass Smoky sich ständig kratzen und den Kopf schütteln würde. Und Mandy war zu ihren Eltern, die beide Tierärzte waren, in ihre Tierklinik namens »Die Arche« zurückgekehrt und hatte sie gefragt, was der Grund dafür sein konnte.

»Ohrmilben«, hatte Adam Hope, ihr Vater, erwidert. »Möglicherweise haben sich die Bisse entzündet.« Er hatte im Häuschen der Großeltern vorbeigeschaut, um den armen Smoky zu untersuchen, und Mandy dort zurückgelassen, damit sie ihn behandelte.

»Sieh nicht hin!«, sagte die Großmutter zu ihrem

Mann, als Mandy den Kater nahm und sanft am Nackenfell packte. »Brauchst du Hilfe, Mandy?«

Mandy schüttelte den Kopf. »Du bist ein braver Junge, nicht wahr, Smoky? Du wirst stillhalten.« Während Mandy beruhigend auf den Kater einsprach, träufelte sie ganz behutsam ein oder zwei Tropfen der lauwarmen Flüssigkeit in sein Ohr. »Na siehst du, so schlimm ist das doch gar nicht, oder?«

Smoky riss sein Mäulchen weit auf und miaute.

»Na komm.« Mandy massierte eine Stelle direkt unter seinem Ohr.

»Warum tust du das?« Der Großvater trat zögernd näher, um besser sehen zu können.

»Um das Ohrenschmalz zu lösen. Ich muss es entfernen, bevor ich die anderen Tropfen in das Ohr träufele.« Sie arbeitete ruhig, froh darüber, dass Smoky stillhielt. Mit etwas Watte tupfte sie die Reinigungsmilch ab.

»Hoppla!« Der Großvater sprang zurück, als Smoky unvermittelt den Kopf schüttelte. Feine Tröpfchen spritzten auf das Handtuch.

»Fast fertig«, versicherte Mandy. Mit einem Wattestäbchen wischte sie zum Schluss die zarte Innenseite der Ohrmuschel aus. Dann reichte die Großmutter ihr die Arzneiflasche, die Adam Hope ihnen gegeben hatte. Mandy hielt die Pipette in das befallene Ohr und träufelte drei oder vier Tropfen hinein. Noch rasch eine letzte Massage und die Arbeit war getan.

»Und das funktioniert?«, fragte der Großvater.

Mandy reichte ihm Smoky hinüber. »Ja. Die Tropfen töten die Milben ab und lassen die Entzündung heilen. Von heute auf morgen geht das allerdings nicht. Wir werden das Ganze noch einige Male wiederholen müssen.« Sie hatte in der Praxis oft bei der Behandlung zugeschaut, aber sie heute zum ersten Mal selber durchführen dürfen.

»Wunderbar!« Der Großvater strahlte sie an. »Du wirst doch noch Tierärztin werden.«

»Hoffentlich.« Mandy seufzte. Sie wünschte sich nichts sehnlicher, als in die Fußstapfen ihrer Eltern zu treten und mit ihnen die Praxis zu führen.

»Lange Arbeitszeiten, viel Stress«, erinnerte die Großmutter sie. Sie putzte den Tisch ab und legte eine saubere Decke auf. »Das ist kein leichter Beruf.«

Aber Mandy wusste nichts, was sie lieber tun wollte. Sie hatte Tiere immer geliebt. »Mehr als Menschen«, pflegte ihr Vater zu witzeln. Sie verbrachte den größten Teil ihrer Freizeit damit, in der Tierklinik bei der Betreuung von kranken Katzen, Hunden, Igeln, einfach allen Tieren, die Hilfe brauchten, zuzupacken. Und nur allzu oft hielt die zierliche Mandy in ihrem Heimatort Welford nach Tieren Ausschau, die in Schwierigkeiten waren.

Der Großvater kraulte Smoky unter dem Kinn. »Du hast ein Händchen für Tiere, so viel ist sicher. Stimmt's, Smoky?«

Der junge graue Kater schnurrte zustimmend.

»So gut wie keine Freizeit.« Die Großmutter fuhr fort, all die Nachteile des Tierarztdaseins aufzuzählen. »Sieh dir deine Eltern an. Bald ist Weihnachten und sie haben mehr denn je zu tun.«

Nachdem der Küchentisch wieder in Ordnung war, folgte Mandy ihrer Großmutter ins Wohnzimmer und half ihr einen großen Karton mit Weihnachtsschmuck aus einem Schrank zu heben. Sie betrachtete die silbernen Kugeln und farbigen Lichter. »Das liegt an der Kälte«, erklärte sie. »Die Tiere scheinen zu dieser Zeit des Jahres mehr Krankheiten und Unfälle als sonst zu haben.«

»Nicht anders als die Menschen, wenn man es sich recht überlegt«, sagte der Großvater und setzte Smoky auf sein rotes Lieblingssofakissen, um ebenfalls mit dem Weihnachtsschmuck zu helfen. »Husten und Heiserkeit, Schnupfen und Schniefnasen.« Er nahm ein Knäuel Christbaumlichter aus dem Karton. »Seltsam. Ich bin sicher, dass ich die Kette letztes Jahr sauber und ordentlich weggepackt habe.«

Mandy strich sich eine Strähne ihres schulterlangen blonden Haars hinters Ohr und lachte über Großvaters verdutztes Gesicht. »Soll ich sie für dich entwirren?« Sie liebte Weihnachten: das Schmücken in der »Arche« und im Haus Flieder, das Basteln und den Einkauf von Geschenken. Smoky sprang vom Sofa herunter und gesellte sich zu ihnen, um zu spielen. Er hob seine Pfote, um nach einer elektrischen Kerze zu schlagen, die in der Hand des Großvaters baumelte.

»Ja, gern«, erwiderte Mandy Großvater.

Und so setzte sich Mandy im Schneidersitz auf den Teppich, Smoky auf dem Schoß, und löste geduldig die Knoten im Kabel, bis die Kette entwirrt war und aufgehängt werden konnte.

> »O Tannenbaum, o Tannenbaum,
> wie treu sind deine Blätter!
> Du grünst nicht nur zur Sommerszeit,
> nein, auch im Winter, wenn es schneit.
> O Tannenbaum, o Tannenbaum,
> wie treu sind deine Blätter!«

Vor der Tür stand ein Weihnachtssänger.

»Pa!« Mandy hatte die Stimme erkannt. Ihr Vater sang im Kirchenchor. »Er übt wohl für ein Konzert.«

Smoky stellte ein Ohr auf, miaute und verkroch sich dann unter einem Stuhl. Die Großeltern lachten.

> »O Tannenbaum, o Tannenbaum,
> der Lehrer hat mich blau gehau'n…«

Die Großmutter eilte zur Tür, um Mandys Vater hereinzulassen, bevor er das Lied vollends verhunzen konnte. »Komm herein, Adam, es ist kalt draußen!«

Mandy blickte auf, während ihr Vater an der Tür

stehen blieb, um seine Stiefel auszuziehen. In seinem kurzen braunen Haar schmolzen Schneeflocken und fielen als Tropfen auf seinen Bart. Er hatte den Reißverschluss seiner Winterjacke bis oben hochgezogen und blies sich wärmend in die kalten Hände.

»Wie hat euch mein Lied gefallen?«, fragte er grinsend.

»Sagenhaft, Pa!«

»Was tut Smoky unter dem Stuhl?« Er öffnete den Reißverschluss seiner Jacke und zog sie aus.

»Er versteckt sich vor dem Weihnachtssänger.«

»Hmm. Dieser Kater ist eben unmusikalisch.« Mandys Vater setzte sich in einen Sessel beim Kamin. »Was machen seine Ohren?«

»Wir hoffen, dass sie bald wieder in Ordnung sind«, sagte Mandy und reichte ihrem Großvater die Lichterkette. »Es scheint, als würde Smoky sich schon nicht mehr kratzen.«

»Gut gemacht. Auf diese Weise habe ich Zeit gehabt, in der Villa Greifenstein vorbeizufahren und für Mrs. Ponsonby nach Pandora zu sehen. Sie ist zwar nur ein bisschen erkältet, aber die arme Mrs. Ponsonby hat sich fast zu Tode geängstigt.«

»Du meinst wohl, die arme Pandora!« Mandys Großmutter war mit der überkandidelten Mrs. Ponsonby nicht immer einer Meinung. »Die kleine Pekinesenhündin wird immer nur durch die Gegend geschleppt. Sie hat überhaupt keine Gelegenheit herumzutollen und wie ein normaler Hund zu spielen.«

Sie holte dampfend heißen Tee und Schokoladenkuchen aus der Küche. »Übrigens, Adam, hast du Mrs. Ponsonby wegen des Weihnachtsmannes gefragt?«

Mandy spitzte die Ohren.

Mr. Hope schnippte mit den Fingern. »Nein. Tut mir Leid. Das habe ich völlig vergessen.«

»Ein Gedächtnis wie ein Sieb.« Die Großmutter tippte Mr. Hope auf den Kopf. »Wir müssen doch wissen, ob sie Rudolph aufnehmen kann.«

»Wer ist das denn?« Mandy platzte fast vor Neugier.

Die Großmutter zwinkerte. »Rudolph, das Rentier mit der roten Nase. Kennst du das Lied?«

»Da-dum, di da-da da-dum...«, fiel Mandys Vater mit seiner tiefen Bassstimme ein.

»Nun ermuntere ihn nicht auch noch, Oma«, seufzte Mandy. »Also, was ist mit Rudolph und der Villa Greifenstein?«

»Der Weihnachtsmann wird am Weihnachtsabend mit seinem Rentier nach Welford kommen!«, verkündete die Großmutter. »Natürlich wird Rudolph furchtbar müde sein nach dem langen Weg aus dem Rentierland. Er braucht also eine Bleibe...«

»Ach, Oma!« Mandy seufzte. »Du denkst doch nicht im Ernst, dass ich diesen Unsinn glaube. Jeder weiß doch...«

»Also, du solltest dich was schämen, Mandy Hope! Der Weihnachtsmann wird höchstpersönlich hier sein, samt Schlitten und Rentier. Und wenn du mir nicht glaubst, dann frag doch deinen Großvater!«

Mandy schaute von einem lächelnden Gesicht zum anderen. »Opa... Pa?«

Sie nickten beide.

»Was ist hier los?« Die Erwachsenen führten irgendetwas im Schilde. Mandy streckte die Hand aus und hob Smoky empor, der sich dicht an den warmen Kamin geschlichen hatte. Sie drückte ihn an sich.

»Der Weihnachtsmann wird dieses Jahr als Stargast auf dem Dorfplatz erscheinen«, sagte der Großvater nur. »Alle werden dort sein. Warum kommst du nicht einfach mit James dorthin und findest heraus, was los ist?«

James Hunter war Mandys bester Freund und wohnte am Rand von Welford. »Und es ist wirklich ein Rentier dort?«

»Zwei!«, sagte die Großmutter.

Mandy dachte nach. »Vielleicht werden wir hinkommen und sie anschauen.« Echte, durch den Schnee trabende Rentiere mit Geweihen! »Wartet mal, ich dachte, bei uns gäbe es keine Rentiere mehr. Sind sie nicht vor Ewigkeiten ausgestorben?«

»Jaja!« Der Großvater zwinkerte. »Aber im Rentierland gibt es noch viele!«

»Wie dem auch sei«, sagte Adam Hope. »In diesem Punkt irrt ihr euch. Es gibt in Großbritannien Rentiere. Genauer gesagt in Schottland. Sie leben in zahmen Herden im Cairngorm-Gebirge und werden gut gepflegt. Also! *Rangifer tarandus,* um einmal ihren lateinischen Namen zu nennen. Sie unterstehen der Aufsicht des Rentier-Rats und werden von Mr. Donald McNab betreut.«

»Ihr könnt mich über Rentiere alles fragen, was ihr wissen wollt!«, sagte der Großvater großspurig. »Zum Beispiel, warum haben Rentiere so breite Hufe?«

»Keine Ahnung. Sag's mir.« Mandy ließ sich auf das Spiel ein. Es hatte tatsächlich den Anschein, als würde Rudolph zu Weihnachten kommen!

»Weil sie so leichter über Schnee und Morast laufen können«, sagte der Großvater. »Und wusstest du, dass ein Rentier einen Schlitten mit dreihundert Pfund Last an einem Tag hundert Meilen weit ziehen kann?«

Mandy schüttelte den Kopf. Was ging hier vor? Warum wussten plötzlich alle so gut über Rentiere Bescheid?

»Hört mit dem Unsinn auf«, sagte die Großmutter schließlich, »und erzählt der armen Mandy, warum wir alle rentierverrückt sind.«

»Es ist für einen guten Zweck«, erklärte der Großvater. »Der Weihnachtsmann kommt in unser Dorf, um einem kleinen Mädchen zu helfen, das im Haus Buche wohnt – das ist das Haus direkt an der Hauptstraße. Sie ist mit ihrer Familie dieses Jahr nach Welford gezogen. Jeremy Hastings, ihr Vater, ist der neue Platzwart im Tennisverein. Die kleine Alex ist erst fünf Jahre alt, aber vor kurzem hat man festgestellt, dass sie schwer krank ist.«

Mandy überlegte, was der Rentierbesuch wohl mit Alex Hastings zu tun hatte. Sie hatte das Mädchen einmal aus der Ferne gesehen. Es war sehr klein und rothaarig und hatte einen älteren Bruder. Das Erste, was an den beiden auffiel, war ihr Haar. Es war lockig und glänzte rotgolden in der Sonne. »Was hat sie denn?«

»Sie ist herzkrank. Sie muss operiert werden, Mandy.« Die Großmutter sprach leise und ernst. »Es gibt nur ein einziges Krankenhaus auf der Welt, in dem diese Operation möglich ist, und das ist in Amerika. Aber die Hastings können es sich nicht leisten, mit Alex dorthin zu fahren. Dein Großvater hat zufällig eines Tages im Tennisverein davon gehört. Dann haben ein paar Leute die Köpfe zusammengesteckt und überlegt, wie man Geld sammeln könnte, um der Familie die Reise nach Amerika zu ermöglichen.«

»Alle haben gute Vorschläge gemacht«, warf Mandys Vater ein. »Dein Opa ist auf die Idee gekommen, den Weihnachtsmann und seine Rentiere einzuladen. Wir hoffen, dass alle Einwohner von Welford kommen, ein paar Weihnachtslieder singen und viel Geld in die Sammelbüchsen stecken.«

»Bisher wurde gute Arbeit geleistet«, sagte der Großvater. »Wir haben schon genug Geld für die Operation zusammengebracht, aber wir brauchen noch achthundert Pfund für den Flug, um Alex und ihre Familie zur Behandlung schicken zu können. Und wir brauchen sie schnell. Sie muss Anfang des nächsten Jahres operiert werden, sonst ist es zu spät.«

»Du meinst, wenn sie nicht operiert wird, dann stirbt sie?«, flüsterte Mandy.

»Ich fürchte ja, Schatz.«

Eine Weile schwiegen alle. Die Holzscheite knisterten im Kamin und Smoky rieb sein weiches Gesicht an Mandys Wange.

»Aber wenn Alex nach Amerika fährt und operiert wird, wird sie nach Meinung der Ärzte wieder vollkommen gesund«, sagte die Großmutter. »Du siehst also, dieses Jahr ist der Besuch des Weihnachtsmannes besonders wichtig.«

»Weiß Alex von ihrer geplanten Reise nach Amerika?«, fragte Mandy nachdenklich.

Die Großmutter schüttelte den Kopf. »Ihre Eltern meinen, es sei das Beste, ihr erst etwas davon zu sagen, wenn sicher ist, dass die Reise stattfinden kann. Sie weiß nicht, wie krank sie wirklich ist. Und von dem Besuch des Weihnachtsmannes hat sie erst recht keine Ahnung!«

Adam Hope trank seinen Tee aus und wischte sich Kuchenkrümel vom Pullover. Smoky sprang von

Mandys Arm herunter und lief hinüber, um herauszufinden, ob die Krümel wohl schmeckten. »Ich habe übrigens heute Alex' Vater gesehen.«

»In der Tierklinik?« Mandy fand die Geschichte des kleinen Mädchens traurig, aber faszinierend.

»Ja. Er hat ein Kätzchen zum Impfen gebracht. Sie haben es gerade erst bekommen. Offenbar liebt Alex Tiere. Ihr Vater sagt, dass sie die Wände in ihrem Zimmer mit Tierpostern tapeziert hat.« Lächelnd schaute Mr. Hope Mandy an.

»Genau wie ein gewisses anderes Mädchen, das wir kennen!«, neckte sie der Großvater. Auch Mandys Zimmer war eine Galerie mit Bildern von Haustieren, wilden Tieren und bedrohten Arten.

»Das Haus Buche liegt direkt hinter Susan Collins' Haus, nicht wahr?« Mandy ignorierte die Sticheleien. Sie war in Gedanken schon ganz woanders.

»Stimmt. Warum?« Ihr Großvater bückte sich, um den Stecker der Lichterkette einzustecken. Sie leuchtete nun in Blau, Grün und Rosa. »Simsalabim!«

»Ach, nur so…« Ein fünfjähriges Mädchen mit einem neuen Kätzchen! »Wie sieht das Kätzchen aus?«, fragte sie ihren Vater so beiläufig wie möglich.

»Es ist eine kleine dreifarbige Glückskatze, schwarz-weiß-rot gezeichnet.«

»Süß!« Mandy starrte wehmütig Smoky an, der in den letzten Monaten recht groß geworden war. »Wie alt ist sie?«

»Vier oder fünf Monate, gerade im verspielten Alter. Sie jagt alles, auch ihren eigenen Schwanz.«

»Ooh!«

»Und sie hat wunderhübsche, riesengroße, strahlende Augen«, fuhr ihr Vater fort. »Und ein furchtbar niedliches rundes Gesicht.«

»Und was haben sie für eine Farbe?« Mandy wollte sich ein ganz genaues Bild von dem Kätzchen machen.

»Ihre Augen? Blau wie der Himmel.« Mr. Hope lächelte und stand auf, um mit Mandy nach Hause zu gehen. Er streichelte Smoky. »Natürlich ist sie nicht so schön wie du«, sagte er grinsend. »Sie heißt Amber. Alex hat den Namen selber ausgesucht.«

Mandy und ihr Vater zogen ihre Jacken und Stiefel an. Dann verabschiedeten sie sich von den Großeltern und Smoky und stapften durch den Schnee die kleine Straße entlang, die zur Tierklinik führte. Mr. Hope pfiff beim Gehen.

»Pa?«

»Ja?« Er hielt mitten in der Melodie inne.

»Ich frage mich, ob ich Alex und Amber nicht vielleicht besuchen sollte«, sagte Mandy verträumt. Die Landschaft um sie herum war ein weißes Wunderland aus schneebedeckten Bäumen, Schneewehen, die sich vor Mauern fast einen Meter hoch auftürmten, und Sternen am mondhellen Himmel.

»Ich wüsste nicht, was dagegen spricht.«

»Und, Pa...«

Er nahm Schnee von einer Mauer und formte ihn zu einem Ball. Seine Augen blitzten, während er Mandy anvisierte. »Na los, auf in den Kampf!«

»Nein, Pa, ich möchte dich etwas fragen!« Aber sie konnte nicht widerstehen und formte ebenfalls einen Schneeball.

»Das habe ich schon begriffen. Werde ich Ja sagen? Ich weiß, was los ist, wenn du mich so anschaust!« Mr. Hope lachte, während der erste Schneeball auf ihn zuflog. Gerade noch rechtzeitig sprang er zur Seite.

»Hör zu!« Mandy bückte sich, um sich weitere Geschosse zu besorgen. »Oma überlegt doch, ob die beiden Rentiere nicht vielleicht in der Villa Greifenstein untergebracht werden könnten.«

Nun war Mr. Hope an der Reihe, einen Schneeball zu werfen. Mit einem dumpfen Schlag prallte er gegen Mandys Schulter. »Volltreffer! Ja. Mrs. Ponsonby hat einen leeren Stall hinter der Villa.«

»Aber wir könnten sie doch auch in der ›Arche‹ unterbringen, oder? Im Krankentrakt haben wir Platz. Ich meine, so groß sind Rentiere nun auch nicht!« Sie stand mit erhobenem Arm da, einen frischen Schneeball in der Hand.

»Rie-gantisch!« Mr. Hope sprang zur Seite und rutschte aus. Er landete auf dem Rücken.

Mandy lief zu ihm hinüber und stand da, die

Hände in die Hüften gestemmt. »Aber Mrs. Ponsonby hat keine Ahnung, wie man sich um Rentiere kümmert. Wir könnten das. Du und Ma, ihr müsst doch alles über Rentiere wissen.«

»Mit Schmeicheleien erreichst du… alles!« Auf dem Rücken liegend, lächelte er zu ihr hoch.

»Du sagst also Ja? Die Rentiere dürfen zu uns kommen?« Mandy zog ihren Vater auf die Füße.

»Für ein paar Nächte. Wenn deine Mutter einverstanden ist.«

»Juhu!« Mandy rannte in eine Schneewehe und kickte lockeren Schnee in die Luft. Funkelnd stob er empor. »Oh, Pa, danke! Super!« Sie rannte voraus, die Straße zur »Arche« hinunter. Sie würden Besuch von echten Rentieren bekommen!

2. Kapitel

»Zwei Rentiere?« Emily Hope telefonierte am Empfang der Tierklinik. Jean Knox, die Sprechstundenhilfe, stand da und lauschte, die Brille weit auf den Kopf geschoben. Simon, der Tierpfleger, kam aus einem Behandlungszimmer, bereit für die Vormittagssprechstunde. Als er Mrs. Hope hörte, zog er die Augenbrauen hoch und sah Mandy an.

Es war am Morgen des nächsten Tages. Nur noch drei Tage bis Weihnachten. Und Mandy drückte beide Daumen. Ihre Mutter telefonierte gerade mit dem Besitzer der Rentierherde in Schottland, um Einzelheiten des Besuchs abzuklären.

»Rudolph und Dasher?« Mrs. Hope lächelte. »Und das Futter bringen Sie mit?«

Mandys Augen glänzten. »Wir bekommen dieses

Weihnachten zwei Rentiere zu Besuch!«, flüsterte sie Simon zu.

»Du machst Witze!« Doch als er vom Terminkalender aufschaute, sah er, dass Mandy es ernst meinte. »Wann?«

»Morgen, Mittwoch.«

»Und wie kommen sie her? Fliegen sie über die Dächer?« Simon zwinkerte Jean zu, die der Ansicht zu sein schien, dass die ganze Familie Hope endgültig verrückt geworden war.

»Das weiß ich noch nicht. Warte eine Minute.« Mandy hörte wieder zu, was ihre Mutter sagte.

»Wir haben einen Auslauf hinter der Tierklinik, in dem wir mit unseren Patienten üben. Er ist klein, aber sicher. Ich denke, er sollte genügen. Sie sagen, die Rentiere müssen nachts draußen bleiben... Ja, gut. Einer von uns kann sich mit Ihnen in Walton treffen und Ihnen den Weg über das Moor nach Welford zeigen. Die Straße ist schwer zu finden, wenn man sich nicht auskennt. Hier hat es geschneit, aber die Hauptstraßen sind einigermaßen frei. Ja, fein.«

Alle warteten, während weitere Vereinbarungen getroffen wurden.

»Morgen Nachmittag? Ja, einer von uns wird dort sein. Wir treffen Sie vor dem Busbahnhof in der Stadt. Dort sollten Sie Ihren Transporter parken können. Halten Sie einfach nach unserem »Arche«-Landrover Ausschau... Ja, auf Wiedersehen, Mr.

McNab!« Emily Hope nickte, während sie den Telefonhörer auflegte.

»Korrigieren Sie mich, falls ich mich irre, aber habe ich da gerade gehört, dass Sie die strengste Regel der ›Arche‹ brechen?«, fragte Jean ungläubig. Sie kannte die Hopes schon seit langem und konnte sich nicht erinnern, dass Mandys Eltern jemals ein Tier bei sich aufgenommen hatten, das keiner Behandlung bedurfte.

»Das haben Sie.« Mrs. Hope zog ihren weißen Kittel an.

»Da kommt unser erster Patient.« Mandy sprang von ihrem Stuhl auf und ging zum Fenster. Sie wollte das Thema wechseln. Ein Auto fuhr mühsam durch den Schnee die Straße hinunter. Es sah wie der große Geländewagen der Parker Smythes aus.

»Ich fasse es nicht!« Jean konnte es immer noch nicht glauben.

»Die Rentiere kommen aus einem Ort in der Nähe von Aviemore, oben in Schottland«, sagte Mrs. Hope. »Das ist eine ganz schöne Strecke. Donald McNab fährt mit einem Transporter – um dem Weihnachtsmann zu helfen Geschenke in Welford zu verteilen!«

»Ma!« Es sah aus, als würde Mandy das Weihnachtsmann-Theater mitmachen müssen, obwohl sie fand, dass sie schon viel zu alt dafür war.

»Was ist denn? Du hängst ihm doch immer noch deinen Strumpf heraus, oder?«

»Ja, aber… Na gut, einverstanden!« Mandy lachte.

»Es ist alles für einen guten Zweck.« Ihre Mutter erklärte Jean, was hinter dem Besuch der Rentiere steckte. »Wir versuchen Geld zu sammeln, damit die kleine Alex Hastings nach Amerika fahren kann. Sie haben sicher gehört, dass sie operiert werden muss, nicht wahr?« Das wird bald jeder in Welford wissen, dachte Mandy.

»Gute Idee. Ich werde dort sein«, versprach Jean. »Schließlich ist Weihnachten.«

»Am Weihnachtsabend um halb acht auf dem Dorfplatz?«, fragte Simon. »Sie können auf mich zählen.« In diesem Moment betraten Mrs. Parker Smythe und ihre achtjährige Tochter Pamela mit ihren Kaninchen Wuschel und Kuschel die Praxis. Simon führte sie in eines der Behandlungszimmer. »Haben Sie von dem Sonderbesuch des Weihnachtsmannes gehört?«, fragte er sie, als sich die Tür schloss.

»Je mehr Leute kommen, desto lustiger wird es«, sagte Emily Hope lächelnd. Sie wandte sich zu Mandy um. »Jetzt zufrieden?«

»Ich kann es gar nicht erwarten!«

»Hör mal, warum gehst du nicht Alex besuchen, wie du es vorhattest? Ich bin sicher, etwas Gesellschaft täte ihr gut.«

»Jetzt?« Normalerweise half Mandy während der Schulferien in der Praxis.

»Warum nicht? Wir werden heute nicht so viel zu tun haben, nicht bei diesem Wetter. Und du könntest ihr erzählen, dass dieses Weihnachten ein ganz besonderes Vergnügen auf sie wartet.«

»Aber nicht, worum es sich genau handelt?« Mandy zog ihren weißen Kittel aus und griff nach ihrer Jacke.

Mrs. Hope legte den Kopf zur Seite, bereit mit der Arbeit zu beginnen. »Nein«, sagte sie. »Der Weihnachtsmann soll eine Überraschung bleiben!«

»Alex mag Tiere«, versicherte Mandy ihrem Freund James. Sie war bei den Hunters vorbeigegangen und James hatte beschlossen sie zu begleiten und seinen Hund Blackie mitzunehmen.

Der schwarze Labrador stapfte vor ihnen durch den Schnee und hinterließ eine schmale Fährte. Als er bei den breiten Toren von Susan Collins' großem Haus angelangt war, blieb er stehen.

»Nein, Blackie, da gehen wir heute nicht hin«, sagte James zu ihm. James trug wegen der Kälte eine wattierte Jacke und auf dem Kopf eine Baseballmütze, die er verkehrt herum aufgesetzt hatte. Seine Wangen waren vom Wind gerötet und seine Brille spiegelte das helle Licht wider, während er und Mandy dem Hund folgten.

Das Haus Buche lag versteckt im Schatten einiger hoher Bäume, die die Hauptstraße säumten, nur wenige hundert Meter von Susans Haus entfernt. An diesem Tag herrschte wenig Verkehr. Nur ein gelber Schneepflug kam auf sie zu. Am Lenkrad saß Jeremy Hastings. Er hatte den Weg vom Tennisverein zur Hauptstraße geräumt, da es in der vergangenen Nacht stark geschneit hatte.

»Hallo, ihr beiden.« Mr. Hastings fuhr heran und beugte sich heraus. Er war überrascht, Blackie, James und Mandy knietief im Neuschnee stehen zu sehen.

»Hallo.« Mandy kannte Mr. Hastings als ruhigen, freundlichen Mann, der niemals schimpfte oder ärgerlich war. Sie und James hatten ihn im Herbst bei seiner Arbeit auf den Tennisplätzen gesehen.

Blackie begann den Schneepflug anzubellen, sodass sie sich nicht näher bekannt machen konnten.

»Tut mir Leid«, sagte James errötend. Er befahl Blackie sich hinzusetzen. »Er hat nur noch nie einen Schneepflug von nahem gesehen.«

»Schon in Ordnung.« Jeremy Hastings beschloss eine Pause zu machen und kletterte aus der Kabine. »Ich kenne euch zwei, nicht wahr?«

»Stimmt. Ich bin James Hunter und das ist Blackie.«

»Und ich bin Mandy Hope.« Irgendwie wurde auch Mandy verlegen, weil Mr. Hastings schüchtern wirkte. Sie spürte, dass ihr Gesicht hinter Wollschal und Mütze zu brennen begann.

»Die Tochter der Tierärzte?«

Sie nickte.

»Ich war gestern mit Alex' Kätzchen in der ›Arche‹. Schön dort.« Er verschwendete nicht viele Worte. »Alex geht im Moment nicht oft aus dem Haus.«

»Deshalb sind wir mit Blackie hergekommen«, sagte James. »Er soll sie besuchen.«

»Wir haben gehört, dass sie Tiere mag«, fügte Mandy hinzu. Als sie ihre Mütze abnahm, fiel ihr das blonde Haar ins Gesicht.

»Sie ist ganz verrückt nach ihnen!« Zum ersten Mal lächelte Jeremy Hastings. »Du wirst ihr gefallen, Blackie. Warum kommt ihr nicht alle herein?«

Mandy spürte, dass das Eis gebrochen war. Sie lächelte James zu und folgte dem Platzwart einen Weg zwischen zwei hohen Buchen zum Haus hinauf.

»Alex!« Mr. Hastings öffnete die Tür und klopfte Schnee von seinen Stiefeln ab. »Du hast Besuch!«

Sie warteten, aber es kam keine Antwort.

»Sie ist Fremden gegenüber etwas scheu«, erklärte Alex' Vater. »Wartet eine Sekunde.« Er zog seine Gummistiefel aus und trat ins Haus.

»Sitz, Blackie.« James ließ den Hund auf der Veranda warten. Er und Mandy schielten neugierig in den Flur.

»Was wollt ihr hier?«, erkundigte sich eine Stimme hinter ihnen fordernd.

Sie fuhren herum. Blackie sprang auf. Im Vorgarten spähte ein kleiner Junge mit flammend roten Haaren hinter einem Busch hervor. Er hatte graugrüne Augen und ein mit Sommersprossen übersätes Gesicht. Der Reißverschluss seiner dicken marineblauen Fleecejacke war bis zum Kinn hochgezogen und sein Gesichtsausdruck signalisierte: »Verschwindet!«

»Wir sind gekommen, um mit Alex zu spielen«, erwiderte Mandy vorsichtig. Der Junge mochte etwa sieben Jahre alt sein.

»Ach, die.« Ärgerlich wandte er sich ab. »Die will nicht spielen.« Er stapfte zurück auf den Rasen und trat gegen den hohen Schnee. »Sie will nicht mal mit mir spielen und ich bin ihr Bruder.«

Mandy wusste nicht, auf wen der Junge so wütend war, aber der Klang seiner Stimme und seine finstere Miene ließen sie vermuten, dass es niemand Bestimmtes war. Ihre Großmutter hätte ihn eine »beleidigte Leberwurst« genannt, was hieß, dass er ständig schmollte.

»Ich werde mit dir spielen«, erbot sich James. Es war kalt, so auf der Veranda zu stehen und auf Alex zu warten. »Wir könnten einen Schneemann bauen.«

»Wo?«

»Dort auf dem Rasen.«

»Wie groß?«

»So groß wie du willst.«

»So hoch wie das Hausdach?« Der Junge schaute an dem eingeschossigen Gebäude empor.

»Na, vielleicht nicht ganz so groß.« Dennoch sprang James die Stufe in den Garten hinunter und begann Schnee aufzuhäufen. »Mal sehen, wie dick wir ihn machen können.«

Mandy zog ihre Mütze aus der Tasche. »Wenn ihr fertig seid, könnt ihr ihm die hier aufsetzen.«

Langsam kam der Junge zu ihr herüber und nahm die Mütze. »Kann er auch deinen Schal bekommen?«

»Na gut.« Sie nahm den Schal ab und reichte ihn dem Jungen. Zufrieden rannte Alex' Bruder zu James zurück. Bald arbeiteten beide eifrig an dem Körper des Schneemannes.

»Na, was habe ich dir gesagt?« Endlich kehrte Mr. Hastings zurück, seine Tochter an der Hand. »Da ist ein Hund den ganzen Weg durch den Schnee gegangen, um dich zu besuchen. Er heißt Blackie.«

Als Blackie seinen Namen hörte, stand er auf und wedelte mit dem Schwanz.

Mandy kniete nieder und legte den Arm um Blackies Hals. »Er beißt nicht«, sagte sie sanft. »Er ist ein lieber Hund.«

Alex Hastings ließ die Hand ihres Vaters los und trat zögernd einen Schritt näher. Sie war blass und dünn und für eine Fünfjährige zu klein. Sie trug ein dunkelblaues Kordsamtkleid und ihr lockiges Haar war sogar noch leuchtender als das von Mandys Mutter. Mandy hatte noch nie so rotes Haar gesehen.

Alex' große grüne Augen wurden noch größer, als sie die winzige Hand ausstreckte und Blackie streichelte. »Er ist ja ganz nass!« Rasch zog sie die Hand wieder zurück.

»Das ist geschmolzener Schnee. Blackie mag den Schnee. Er will ihn immer fressen!«

Alex streichelte Blackie wieder. »Seine Ohren sind so schön weich.«

»Er ist überhaupt ein riesiger weicher Kerl.« Mandy lächelte, als sie merkte, wie das kleine Mädchen mutiger wurde. »Glaubst du, dein neues Kätzchen würde Blackie gern kennen lernen?«

Alex schaute zu ihrem Vater empor. »Wird der Hund Amber nicht jagen?«

»Ich glaube nicht. Blackie ist Katzen vermutlich gewöhnt. Warum holst du Amber nicht aus deinem Zimmer und schaust, was passiert?«

Alex ging langsam durch eine der Türen, die von dem quadratischen Flur wegführten. Mr. Hastings lächelte Mandy zu. »Komm mit Blackie ins Haus und lass mich die Tür schließen. Alex' Mutter macht für alle heiße Schokolade. An einem Tag wie heute können wir sie brauchen.«

Mandy erwiderte sein Lächeln, trat ein und sah sich um. Der Raum hatte cremefarbene Wände, an denen ein großer Spiegel und gerahmte Familienfotos hingen.

»Papa, Amber will nicht kommen!«, rief Alex mit einer hohen, überängstlichen Stimme. »Sie hat sich unter dem Bett versteckt.«

Ein leises Miauen drang zu ihnen herüber. Blackie spitzte die Ohren und winselte.

»Nein, doch nicht! Sie läuft weg!«

Sie hörten schnelle kleine Füße trappeln und von einem Fleck zum anderen springen, dann stürzte eine kleine schwarz-weiß-rot gefleckte Gestalt durch die Tür. Mit einem Purzelbaum landete das Kätzchen im Flur.

»Oh, Amber!«, rief Alex in ihrem Zimmer.

»Alles in Ordnung, sie ist hier!« Mr. Hastings hob das Kätzchen hoch.

Mandy hielt Blackie fest, während Alex langsam durch den Flur kam und Amber nahm. Mandy sah nur ein sich windendes Fellbündel mit einem langen weichen Schwanz und kleinen spitzen Ohren. »Ist die schön!«, rief Mandy.

»Amber, sei brav«, schalt Alex. »Sag Blackie Guten Tag.«

Aber als das kleine Kätzchen den großen schwarzen Hund sah, blitzten seine blauen Augen und es riss seinen Mund weit auf und fauchte.

»Nicht doch, du musst lieb zu ihm sein«, beharrte Alex. Sie trat näher. »Das ist ein lieber Hund. Schau, Amber. Ein ganz lieber Hund!«

Der gutmütige Blackie schnupperte an dem Kätzchen. Ambers Ohren und Schnurrhaare zuckten. Sie streckte eine Pfote nach Blackies schwarzer Nase aus.

»Na siehst du, du magst ihn.« Bald darauf konnten sie das Kätzchen laufen lassen. Alex setzte es auf den Teppich und beobachtete, wie die beiden Tiere im Kreis umeinander herumschlichen. Blackie beugte sich über das Kätzchen, aber er war sehr behutsam. Amber wiederum schien zu glauben, spielen hieße, auf Blackie zu springen und sich an seinem Hals festzuhalten. Sie klammerte sich mit aller Macht an ihn.

Alex hielt den Atem an, dann lachte sie. »Sie spielen zusammen!«

Mandy erzählte Alex alles über Blackie und James. »James ist mein bester Freund. Er hilft uns in der ›Arche‹ beim Versorgen der Tiere.« Dann erklärte sie der Kleinen, dass ihre Eltern sich um kranke Tiere kümmerten.

Alex ließ Amber und Blackie nicht aus den Augen. »Sind sie alle krank?«, fragte sie langsam.

»Wer? Die Patienten, die zu uns in die ›Arche‹ kommen?« Mandy nickte. »Aber die meisten werden wieder gesund. Es ist wie ein Krankenhaus für Tiere.«

Das kleine Mädchen wandte sich zu Mandy. Ihr Gesicht war ernst. »Ich bin auch schon im Krankenhaus gewesen.«

»Ich weiß«, sagte Mandy sanft.

»Vielleicht muss ich noch einmal hin, damit sie mich gesund machen können. Dann kann ich wieder draußen mit William spielen.«

»William ist ihr Bruder«, erklärte Mr. Hastings.

»Ich weiß. Wir sind ihm im Garten begegnet. James baut gerade einen Schneemann mit ihm.« Mandy ging mit Alex zu der Glastür, um hinauszuschauen. Der Schneemann reichte William bereits bis zur Schulter.

»Wer baut einen Schneemann?« Alex' Mutter steckte ihren Kopf zur Küchentür heraus.

»William und James.« Sehnsüchtig schaute Alex in den verschneiten Garten hinaus. Dann wandte sie ihre Aufmerksamkeit wieder den beiden Tieren zu. »Amber hat einen Freund«, sagte sie zu ihrer Mutter.

Mrs. Hastings trat in den Flur. Sie war klein und gepflegt und trug eine dunkle Hose und einen weichen beigefarbenen Pullover. Ihr kurzes Haar hatte ein dunkleres Rot als das ihrer Kinder und schimmerte wie weiches Kupfer.

Sie lächelte Mandy an. »Und du hast offenbar eine neue Freundin«, sagte sie zu ihrer Tochter. »Was für eine schöne Überraschung!«

Es dauerte nicht lang und Mandy fühlte sich im Haus der Hastings willkommen. Alex nahm sie und Blackie mit in ihr Zimmer. Von dort aus konnten sie James und William im Garten sehen. Der Schneemann nahm Formen an. Er hatte nun einen Kopf und ein Gesicht aus Zweigen und Steinen.

»Was bringt dir der Weihnachtsmann?« Alex saß auf ihrem Bett, Amber auf dem Schoß. Umgeben von Kissen sah sie wie eine kleine rothaarige Puppe aus.

»Ich weiß es nicht genau.« Mandy lächelte.

»Glaubst du an den Weihnachtsmann?«, fragte Alex ernst. Sie ließ Mandy keine Gelegenheit für eine Antwort. »Ich glaube an ihn! Ich habe einen Wunschzettel für ihn geschrieben.«

»Und was möchtest du haben?«

»Also, es sind eigentlich keine Sachen. Aber ich darf es sowieso nicht verraten. Es ist ein Geheimnis. Sonst geht mein Wunsch nicht in Erfüllung.«

Mandy vermutete, dass Alex trotz ihres munteren Geplappers traurig war. So, wie sie dasaß und ihr Kätzchen streichelte, konnte Mandy sich sehr gut vorstellen, was Alex sich wünschte. »Lieber Weihnachtsmann, bitte schenke mir eine Operation, damit ich wieder gesund werde und draußen spielen kann.«

»Magst du Rentiere?«, schwatzte Alex weiter. »Ich finde sie toll! Am liebsten mag ich Rudolph. Und du?«

Mandy warf einen Blick auf die riesigen Farbposter von Kätzchen und jungen Hunden, Ponys und Hamstern, mit denen die Wände des Kinderzimmers von oben bis unten tapeziert waren. »Rudolph.« Sie biss sich auf die Lippe. Manchmal war es schwer, nichts zu verraten. Auch wenn Alex keine Ahnung davon hatte, sie würde doch bald Besuch von ihrem Lieblings-Rentier bekommen!

»Armer Rudolph, die anderen Rentiere haben ihn nie mitspielen lassen, stimmt's?« Alex seufzte.

»Ja, weil er eine rote Nase hatte. Deshalb mochten ihn die anderen nicht«, erinnerte Mandy sie.

»Ich hätte ihn jedenfalls mitspielen lassen.«

»Ich auch.« Mandy saß mit Blackie auf dem Boden und war froh, mit Alex so zu sprechen, als wäre

Rudolph ein echtes lebendiges Rentier. Alex schien seine Geschichte in- und auswendig zu kennen.

»Wieso war die Farbe seiner Nase denn wichtig?« Alex war offenbar entschlossen, sich für den Helfer des Weihnachtsmannes ins Zeug zu legen. »Wenn ich wieder gesund bin, kann jeder, der will, mit mir spielen! Ich gehe wieder in den Kindergarten und jeder kann mein Freund sein!«

Mandy nickte zustimmend. Plötzlich ertönte ein lauter Knall am Fenster. Sie fuhren herum und sahen gerade noch einen platten Schneeball am Glas herabgleiten.

»William!«, stieß Alex hervor. Die Fensterscheibe hatte laut geklirrt. Erschreckt war Amber von Alex' Schoß gesprungen und hatte sich versteckt. Blackie bellte laut.

»Alex, komm und schau!«, kommandierte der Junge laut von draußen. Ein zweiter Schneeball knallte gegen das Glas.

Vorsichtig richtete Alex sich auf. Mandy half ihr vom Bett herunter. Ihr wurde klar, dass Alex sich nur sehr langsam bewegen konnte und schnell außer Atem war.

»Komm her und schau dir das an!«

Vom Fenster aus konnten die Mädchen zwei Schneemänner sehen. Der eine trug Mandys rot-weiß gestreifte Mütze und ihren Schal. Der andere hatte James' Kappe auf dem Kopf.

»Was ist hier los?« Mit besorgtem Gesicht kam Mrs. Hastings ins Zimmer geeilt. Sie warf einen Blick auf den schmelzenden Schneeball, der langsam die Fensterscheibe herunterglitt. »Was war das für ein Lärm?«

»Das waren die Schneebälle von William. Sieh nur, was sie im Garten gebaut haben!« Alex' Gesicht leuchtete vor Bewunderung.

Aber Mrs. Hastings sah verärgert aus, als sie zum Fenster kam.

Draußen im Garten sah William seine Mutter und schrie: »Schau, Mama!« Die Glasscheibe dämpfte seine Stimme, aber man konnte sehen, dass er stolz auf die Schneemänner war. »Kann Alex herauskommen und sie anschauen?«

Mrs. Hastings pochte heftig gegen das Fenster. »Nein, das kann sie nicht!« Sie formte die Worte mit den Lippen. »Und du kommst sofort herein!«

Mandy sah, wie das Lächeln aus Williams Gesicht verschwand. James stand unsicher neben ihm.

»Alex, es ist Zeit für deine Medizin«, sagte Mrs. Hastings scharf. Stirnrunzelnd verließ sie das Zimmer, um die Arznei zu holen.

»Jetzt bekommt William Ärger«, flüsterte Alex. »Er darf keine Sachen machen, die mich erschrecken.« Sie seufzte und kehrte zu ihrem Bett zurück. »Jetzt wird er denken, es ist meine Schuld, dass er ausgeschimpft wird.«

»Oh, ich bin sicher, das wird er nicht«, begann Mandy. Aber dann hörte sie, wie Türen zugeschlagen wurden und Mrs. Hastings mit ihrem Sohn schimpfte. »Völlig rücksichtslos… So einen Lärm zu machen…. Du bist sieben Jahre alt. Alt genug, um es besser zu wissen, William!«

Alex ließ den Kopf hängen und hielt sich die Ohren zu.

»Ich gehe jetzt besser«, sagte Mandy schnell. James stand immer noch draußen in der Kälte.

Alex nickte. »Ich muss sowieso schlafen, wenn ich meine Medizin genommen habe.« Sie wurde rot und lächelte. »Danke, dass du mit Blackie hergekommen bist, um mich zu besuchen.«

»Danke, dass du mir Amber gezeigt hast.« Das Kätzchen lugte unter dem Bett hervor. Seine blauen Augen glänzten. »Viel Spaß mit den Schneemännern!« Alex konnte sie von ihrem Bett aus sehen. Mandy lächelte noch einmal, dann verließ sie das Zimmer.

Draußen wartete James auf sie und am Tor stand ein bekümmerter Jeremy Hastings.

»Alex braucht Ruhe, wisst ihr«, versuchte er Mrs. Hastings' Ärger über die Schneebälle zu erklären. »Sie darf sich nicht aufregen. Das hat der Arzt angeordnet. Wenn sie operiert wird, sieht die Sache natürlich anders aus. Dann kann sie wieder herumtoben wie früher.«

»Mein Großvater sagt, dass die Spendenaktion sehr erfolgreich läuft«, sagte Mandy.

Mr. Hastings nickte und lächelte bitter. »Es hängt viel von der Aktion mit dem Weihnachtsmann ab.«

»Machen Sie sich keine Sorgen. Das wird eine tolle Sache werden. Ein Schlitten, ein echtes Rentier… Alex wird begeistert sein!«

»Du hast ihr doch nichts verraten?«

»Nein.« Es war schwer gewesen, doch Mandy hatte das Geheimnis für sich behalten.

»Gut. Es wird sie bestimmt aufheitern.« Mr. Hastings starrte zu den Bäumen empor, als würde er dort eine Antwort auf seine familiären Probleme finden. »Alex hat den Weihnachtsmann und sein Rentier schon immer geliebt.«

Mandy und James verabschiedeten sich und ließen Mr. Hastings bei seinem Schneepflug zurück. Alex' Vater stand da und starrte in den grauen Himmel hinauf.

3. Kapitel

»Tut mir Leid, dass ich mich verspätet habe.« Donald McNab kam zum »Arche«-Landrover hinübergeschlendert.

Es war einen Tag später, kurz vor dem Abendessen. Mandy und James waren mit Mr. Hope nach Walton gefahren, um ihre Gäste in Empfang zu nehmen. Nachdem sie eine Stunde frierend im Auto gesessen hatten und James dabei pausenlos in sein Taschentuch geniest und geschnäuzt hatte, war Mandys Vater losgesaust, um warme Getränke zu besorgen. Es war ein langes, kaltes Warten gewesen.

»Hab mich verfahren«, erklärte der Schotte mit starkem Akzent. Er klang vollkommen gelassen. »Bin in York ein paar Mal falsch abgebogen. Furchtbarer Ort. Musste dreimal um die alten Stadtmauern kurven, bis ich die richtige Abfahrt gefunden hatte. Als ich endlich draußen war, hat sich in meinem Kopf alles nur noch gedreht.«

»Schon in Ordnung.« Mandy und James hielten gespannt nach den Rentieren in Mr. McNabs Transporter Ausschau, den er ein paar Meter weiter oben in der Straße geparkt hatte. Es interessierte sie nicht, warum er zu spät gekommen war.

»Ich dachte schon, ich würde euch vielleicht verpassen.« Er schüttelte Mandy und James, die auf den Bürgersteig gesprungen waren, die Hand. Seine grauen Augen waren gutmütig und sein Händedruck fest. »Nett von euch, dass ihr gewartet habt.«

»Pa wird gleich wieder da sein«, sagte Mandy. »Mr. McNab, dürfen wir hinübergehen und sie anschauen?« Diesem Moment hatte sie schon den ganzen Tag entgegengefiebert.

»Rudolph und Dasher? Ja, nur zu. Und sagt Don zu mir!« Er griff tief in die Tasche seiner wetterfesten Jacke. »Hier, das könnt ihr ihnen als kleine Entschädigung dafür geben, dass sie so lange in dem Transporter eingesperrt waren.«

Sie nahmen beide eine Hand voll von etwas, das verdächtig nach zerkauten Lederstücken aussah. James schnupperte daran und rümpfte die Nase.

»Getrocknete Pilze.« Don lachte. »Die Rentiere lieben sie!«

Mandy hielt es keinen Moment länger aus. Sie

rannte los. Aus dem Innern des grauen Transporters hörte man lautes Scharren und Klappern von Hufen. Mandy sah, dass die Hintertüren oben offen waren, wie Stalltüren. Als sie näher kam, wurden zwei Köpfe sichtbar, mit langen Nasen, dunkelbraunen Augen und gewaltigen Geweihen.

Mandy hielt die Luft an. Die Tiere waren nicht größer als Ponys, doch ihre Geweihe riesig und verzweigt wie die mächtigen Äste eines Baumes. Sie wölbten sich über den Köpfen der Rentiere, als diese aus dem Transporter schauten.

»Nur zu!«, ermunterte der Schotte Mandy und James. »Sie tun euch nichts!«

Vorsichtig hielt Mandy die Pilze hoch. Das Rentier, das ihr am nächsten stand, beugte sich herab und begann mit seiner weichen Schnauze an ihnen zu knabbern.

»Das ist Dasher«, sagte Don.

James folgte Mandys Beispiel und ließ das andere Rentier aus seiner Hand fressen.

»Und das ist Rudolph. Sagt hallo, Jungs!«

Die Rentiere schnaubten. Als sie sich bewegten, schwankte der ganze Transporter. Mittlerweile hatte sich eine kleine Menschenmenge davor versammelt. Noch nie waren lebende Rentiere in Welford gewesen. Die Neuigkeit sprach sich rasch herum und Menschen strömten herbei, um die prachtvollen Geweihe der Tiere zu sehen. Mütter kamen mit ihren

Kindern, Ladenbesitzer traten auf den Bürgersteig heraus. Ein Busfahrer hielt sogar an, um seinen Fahrgästen einen Blick zu gestatten, während Don McNab neugierige Fragen beantwortete.

»Sie sind hergekommen, um dem Weihnachtsmann zu helfen«, erklärte er den kleinsten Kindern.

»Sie müssen seinen Schlitten durch den Schnee ziehen.«

»Wann?«

»Wo?«

»Werden wir sie sehen?« Immer mehr Fragen, immer mehr große Augen und offene Münder.

»Jawohl, das werdet ihr, wenn ihr am Weihnachtsabend nach Welford kommt«, sagte Don. »Dann wird euch der alte Herr mit dem Rauschebart eure Geschenke bringen!« Er zwinkerte James und Mandy zu.

Inmitten von all dem Trubel kauten Rudolph und Dasher zufrieden, bis Mr. Hope mit den Getränken zurückkam und die Kinder Abschied nehmen mussten.

»Glauben Sie, dass Sie uns folgen können?«, wollte Mandys Vater von Don wissen, nachdem sich die beiden Männer bekannt gemacht hatten.

Aber Mandy hatte eine bessere Idee. Sie wollte in Dons Lieferwagen mitfahren. »Nur für den Fall, dass Don nicht hinterherkommt«, erklärte sie.

»Oh, gern, ich will mich nicht wieder verfahren!« Don half ihr auf den Beifahrersitz. Auf dem ganzen Weg aus der Stadt und über das Moor bombardierte Mandy ihn mit Fragen.

»Was fressen Rentiere?«, erkundigte sie sich in der Hoffnung, später bei der Fütterung helfen zu dürfen.

»Gras, Moos, Farne, Rinde, ach ja, und Pilze

natürlich«, erwiderte Don, während er vorsichtig den Hügel hinunter nach Welford fuhr. Das ganze Tal lag unter einer Schneedecke und die Lichter des Dorfes funkelten in der Dämmerung. Don unterdrückte ein Gähnen. »Heute gehe ich zeitig ins Bett.«

Mandy lächelte glücklich. »Wir werden für Sie auf die Rentiere aufpassen«, versprach sie.

»Da bin ich sicher. Morgen habe ich jedenfalls einen anstrengenden Tag.«

Morgen würde Donnerstag sein, der letzte Tag vor Weihnachten. »Was müssen Sie tun?«, fragte Mandy.

»Ich muss die Rentiere zu einem Kinderkrankenhaus nach Leeds bringen. Der alte Herr wird dort Geschenke verteilen.«

Mandy warf dem fröhlichen kleinen Schotten einen verwirrten Blick zu. Er hatte kurzes graues Haar, ein rundes Gesicht und eine freundliche frische Ausstrahlung. »Dieser alte Herr...«, begann sie.

»Der Weihnachtsmann, ja?«

»Ich meine, sind Sie nicht... Ist nicht in Wirklichkeit...?« Sie stockte. Noch ein Erwachsener, der seine Späße mit ihr trieb.

»Ob ich das bin?« Er brach in schallendes Gelächter aus und trommelte auf das Lenkrad. »O nein, meine Liebe! Lass ihn so etwas ja nie hören, sonst gibt es für dich dieses Jahr keine Geschenke!«

Und er kicherte vor sich hin, während sie Mr. Hope und James durch das Dorf folgten, an Gasthaus und Poststelle vorbei und die kleine Straße zur »Arche« hinunter.

4. Kapitel

Ganz ruhig«, sagte Don zu Mandy, als sie Rudolph die Rampe des Transportanhängers hinunter auf den Hof führte. Das Rentier warf seinen Kopf zurück und scharrte steif auf dem Boden, bis es sich schließlich an seine neue Umgebung gewöhnt zu haben schien.

»Da sind ja die Ehrengäste.« Die Abendsprechstunde war vorüber und Emily Hope stand auf der Türschwelle.

»Sie sind... Ehrfurcht erregend!« Simon stieß einen leisen Pfiff aus. »Man sehe sich nur diese Geweihe an!«

Rudolph schnaubte argwöhnisch, dann ließ er sich von Mandy weiterführen. Sie brachte ihn in den Auslauf auf der Rückseite des Hauses und gab ihm eine

Belohnung. »Braver Junge.« Sie streichelte sein dicke weiße Wintermähne.

»Schön langsam.« Don lotste James und Dasher die Rampe hinunter. Er nahm den hohen Drahtzaun in Augenschein, der den Auslauf umgab. »Ja, das genügt völlig.«

Mandy stieß einen Seufzer der Erleichterung aus. Die lange Reise der Rentiere war glücklich zu Ende gegangen. »Müssen sie gefüttert werden?«, fragte sie Don wieder besorgt, da Rudolph und Dasher im Schnee zu scharren begannen. »Sie müssen hungrig sein.«

»Nicht nötig. Sie können graben, weißt du.«

Die Rentiere senkten ihre Köpfe und begannen mit ihren Vorderhufen zu schaufeln. Bald waren sie auf grünes Gras gestoßen und ästen zufrieden. Mandy, James, Adam und Emily Hope, Simon und Jean standen um sie herum und sahen zu.

»Zuschauer scheinen sie nicht zu stören«, sagte Mr. Hope leise.

»Ach, sie sind das gewohnt. Sie stehen immer im Mittelpunkt, wo sie auch hinkommen.« Don holte seine Tasche aus dem verbeulten weißen Lieferwagen. Er schaute zu den zarten Schneeflocken empor, die von dem dunklen Himmel herabschwebten. »Wunderbares Rentierwetter. Es erinnert sie an zu Hause.«

»Kommen Sie herein und wärmen Sie sich auf.«

Falls nicht im Laufe des Abends noch ein Notruf kam, hatte Emily Hope ihre Arbeit für heute beendet. Sie nahm Dons Tasche und trug sie ins Haus. Simon und Jean gingen hinein, um die Praxis aufzuräumen.

»Ja, sofort.« Don lächelte Mandy und James zu. »Ich möchte den beiden nur den Schlitten zeigen, der dem alten Herrn höchstpersönlich gehört.« Er wandte sich wieder dem Hof zu, während die anderen Erwachsenen hineingingen.

James und Mandy zuckten die Achseln und folgten ihm.

»Aber das ist doch der Transporter!«, sagte James enttäuscht. Der Schlitten des Weihnachtsmannes sah aus wie alle Transportanhänger, die man auf Bauernhöfen oder Pferdeschauen sah.

»Es ist kein gewöhnlicher Transporter, junger Mann!« Don McNab machte sich ans Werk. Er löste Muttern und Schrauben, nahm das Dach ab und legte Glasfaserklappen um. Bald hatte er den Transporter in ein Gefährt verwandelt, das alle Welt für einen altmodischen Schlitten gehalten hätte.

»Mann!« James war beeindruckt. Die gestrichenen Seitenwände verbargen die Räder und sahen wie Schlittenkufen aus.

»Abrakadabra! Wir spannen die Rentiere ein und kling, Glöckchen, klingelingeling geht es los!«

»Das ist echt raffiniert«, sagte Mandy.

»Ja, das ist es.«

»Wer hat sich das ausgedacht?« James rückte seine Brille auf der Nase zurecht und inspizierte den Schlitten gründlicher.

»Ich.« Don war stolz auf sein Werk. »Ich benutze ihn, um zur Weihnachtszeit durch das Land zu fahren. Ruckzuck kann ich den Transporter in den Schlitten des alten Herrn verwandeln, damit er standesgemäß daherkommt, wenn er die Kinder im Krankenhaus besucht oder die Lichterketten anmacht, was immer gewünscht wird.«

»Das finde ich gut!« James untersuchte die Scharniere, die Glasfaserklappen und die Metallstangen, zwischen denen die Rentiere eingespannt wurden.

»Warum kommt ihr morgen dann nicht mit uns?«, lud Don Mandy und James sofort ein. »Wir fahren nach Leeds, um die kleinen Kinder im Krankenhaus zu besuchen. Ihr zwei könnt mir den Weg zeigen. Denkt daran, wie schlecht mein Orientierungssinn ist.«

»Super. Wir könnten uns um Rudolph und Dasher kümmern!« Diese Chance wollte sich Mandy nicht entgehen lassen. Sie rannte ins Haus, um ihre Eltern um Erlaubnis zu bitten.

»Ja, fein«, sagte Emily Hope. Sie stand am Herd in der warmen Küche. »Würdest du Don sagen, dass das Abendessen fertig ist?«

Alle setzten sich an den Tisch, auf dem dampfende Teller mit dicker Suppe und Berge frischen Brots standen. Don McNab aß mit Heißhunger und unterhielt die anderen dabei mit Geschichten über die Rentierherde daheim. Mandy sog alles in sich auf. Den rollenden Tonfall des Schotten, die Bilder, die er von verschneiten Bergen und großartigen Tieren malte.

Vor dem Zubettgehen schlich sich Mandy noch einmal nach draußen, um nach Rudolph und Dasher zu sehen. Sie schaufelten immer noch zufrieden Schnee fort, um an das Gras zu gelangen. Morgen würden Mandy und James die beiden zu den Kindern im Krankenhaus begleiten. Übermorgen würde die Aktion ihres Großvaters stattfinden, um Geld für Alex' Operation zu sammeln. Mandy seufzte, während die leichten Schneeflocken auf ihre Nase fielen. Es würde das aufregendste Weihnachtsfest aller Zeiten werden!

»Noch zwei Tage, bis ich meinen Strumpf aufmachen kann!« Simon rieb sich die Hände. Er trug mehrere Pullover unter seiner Jacke und hatte seine Wollmütze in die Stirn gezogen. Draußen war es sonnig, aber bitterkalt. Mandy und ihre Eltern waren schon früh auf den Beinen gewesen, während ihr schottischer Gast noch schlief. Mandy hatte bereits ein halbes Dutzend Anrufe von besorgten Tierbesitzern entgegengenommen. Der Terminkalender der Tierklinik war prall gefüllt.

»Man denke nur, Weihnachten zu Hause. Morgens lange im Bett bleiben, Geschenke, Pute und Plumpudding!« Simon zog seinen weißen Kittel an.

»Haben wir einen Termin für Mr. Pickard?« Mandy ging mit dem Finger den Kalender durch. Walter Pickard war am Telefon und sagte, dass sein alter Kater Tom nicht in Ordnung wäre.

Simon nickte. »Wir schieben ihn dazwischen, aber sag das nicht Jean.«

Also gab Mandy Mr. Pickard einen Termin. »Er will sofort kommen. Er klingt besorgt«, sagte sie zu Simon.

Und damit begann in der Tierklinik der vorweihnachtliche Trubel. Um halb neun kam Jean und löste Mandy am Empfang ab. Mandy zog ihren weißen Kittel an, um ihren Eltern zur Hand zu gehen. Da waren drei Hunde, zwei Katzen, ein Hamster und ein Igel zu versorgen.

Und natürlich musste sie nach Rudolph und Dasher schauen. Als sie mit einer Spezialmischung aus Hafer und Melasse, die Don empfohlen hatte, hinauskam, hoben die Rentiere zur Begrüßung die Köpfe. Dasher trabte sofort zu seiner Getreideschüssel, doch Rudolph schnupperte nur einmal an seinem Napf und verzog dann die Nase. Das ist ja merkwürdig, dachte Mandy. Sie tätschelte seinen zottigen Hals, runzelte die Stirn und ging ins Haus zurück.

Das Wartezimmer war voller Patienten. Als Erste kamen der alte Walter Pickard und Tom an die Reihe. Als sie Mr. Hopes Behandlungszimmer betraten, stand Mandy bereit.

»Dann wollen wir uns den alten Burschen mal ansehen.« Mandys Vater wartete, bis Mr. Pickard Tom aus dem Korb gehoben hatte. Er sah kläglich und struppig aus. Normalerweise war er ein kräftiger, schwerer, schwarz-weißer Kater mit einem schwarzen Fleck über dem Auge, doch heute wirkte er dünn und krank. Er atmete schwer, ließ den Kopf hängen und hatte glanzlose Augen.

Adam Hope sah ihm in Augen und Rachen. »Frisst er vernünftig?«

Walter schüttelte den Kopf. »Es schmeckt ihm nicht mehr. Das sieht Tom gar nicht ähnlich.«

»Niest oder hustet er?« Mr. Hope winkte Mandy zu sich, damit sie sich Tom ansah. »Siehst du die kleinen Geschwüre auf der Zunge?«

Mandy nickte. »Ist das Katzenschnupfen?«

»Sieht ganz so aus.« Er maß Toms Temperatur und wie befürchtet, war sie hoch.

Walter Pickard seufzte. Für den alten Mann war Tom wie ein Freund. Genau wie sein Herrchen war der Kater ein zäher Bursche, aber er wurde langsam alt. Und in diesem Jahr hatte Mr. Pickard vergessen ihn impfen zu lassen. »Können Sie etwas für ihn tun?«, fragte er.

Mr. Hope streichelte Tom. »Er braucht Antibiotika, damit keine zusätzlichen Infektionen auftreten, und viel Flüssigkeit, aber Sie können ihn mit nach Hause nehmen und dort pflegen. Halten Sie ihn warm. Wenn seine Augen verkleben oder seine Nase verstopft ist, müssen Sie sie freimachen. Dem armen alten Kerl fällt das Atmen schwer.«

»Er fühlt sich offensichtlich elend.«

Mr. Hope beschloss Tom gleich eine Dosis Antibiotika zu geben. Mandy half den Kater festzuhalten, während ihr Vater Walter Pickard die beste Methode zeigte, den Sirup zu verabreichen. »Und denken Sie daran, dass es sich um eine Virusinfektion handelt. Sie müssen Toms Decke und Futternäpfe waschen und anschließend desinfizieren. Und halten Sie ihn von anderen Katzen fern, in Ordnung?«

Walter versprach sich gut um Tom zu kümmern. »Vielen Dank, Mr. Hope«, sagte er folgsam, als er Tom wieder in seinen Korb setzte.

»Rufen Sie uns an und lassen Sie uns wissen, ob das Medikament hilft. Und keine Sorge. Tom wird bald wieder auf den Beinen sein und die Nachbarschaft terrorisieren!«

Der alte Mann lächelte schwach. »Ich hoffe, Sie haben Recht.« Dann schlurfte er mit seinem Kater aus dem Raum.

Mr. Hope warf Mandy einen Blick zu. »Und du brauchst dir auch keine Sorgen zu machen! Tom wird wieder gesund.«

»Das ist es nicht.« Mandy runzelte die Stirn. »Rudolph macht mir Sorgen.« Ihr fiel ein, dass auch er heiser geklungen hatte, als sie mit den Futternäpfen hinausgekommen war. Und er hatte genauso ausgesehen wie Tom. Jämmerlich, mit glanzlosen Augen. Sie sagte ihrem Vater, dass das Rentier den Hafer verschmäht hatte.

»Hmm. Möchtest du, dass ich ihn mir mal anschaue?«

Obwohl das Wartezimmer zum Bersten voll war, nickte Mandy.

»Na dann komm, schnell!«

Sie gingen zusammen in das verschneite Gehege hinaus. Nun war ein deutlicher Unterschied zwischen den beiden Rentieren zu sehen. Dasher, der ein kleineres Geweih und ein dunkleres Fell hatte, kam munter und mit klappernden Hufen angetrabt. Rudolph hielt sich jedoch von ihnen fern und äste lustlos. Als Mandy und Mr. Hope zu ihm gingen, senkte er den Kopf und legte sich in den Schnee.

»Sieht nicht gut aus.« Adam Hope runzelte die Stirn. »Wie es scheint, hast du Recht gehabt, Mandy. Da haben wir wohl ein krankes Rentier hier.«

Sie holten Don und untersuchten Rudolph. Mr. Hope stellte eine Viruserkrankung fest, die der gleichen Behandlung bedurfte, wie er sie Tom verordnet hatte. »Rudolph braucht reichlich Futter und Wasser. Und halten Sie ihn von Dasher fern.«

Don nickte. Er redete auf Rudolph ein, bis das Rentier wieder aufstand, und streichelte seinen Hals.

»In ein oder zwei Tagen ist Rudolph wieder gesund«, sagte Mr. Hope. »Vielleicht sogar noch rechtzeitig zu Weihnachten. Es ist eine Art 24-Stunden-Rentier-Grippe.«

Damit hatte Don natürlich ein Problem. »Ich kann

doch die Kinder im Krankenhaus nicht enttäuschen«, sagte er.

»Kann Renner den Schlitten allein ziehen?«, fragte Mandy.

»Gerade eben, wenn der Weihnachtsmann sich nicht auf den Schlitten setzt, sondern neben ihm herläuft. Meint ihr, ich sollte allein fahren und Rudolph dalassen, damit er sich erholen kann?«

»Ich werde zu Hause bleiben und mich um ihn kümmern!«, erbot sich Mandy.

Dann kam James, leicht erkältet, aber für die Fahrt nach Leeds gerüstet. Er und Don führten Dasher in den Transporter und trafen die notwendigen Vorbereitungen, um allein aufzubrechen.

»Und es macht dir wirklich nichts aus, Mandy?«, fragte James.

»Nein. Außerdem haben wir in der Praxis viel zu tun. Ich bin nützlicher, wenn ich hier bleibe.«

»Gut, du kümmerst dich um Rudolph.« Don saß am Steuer, zur Abfahrt bereit.

»…das Rentier mit der roten Nase!«, grinste James.

»Haha!« Mandy grinste zurück. »Verfahrt euch nicht!«, rief sie, als Lieferwagen und Transportanhänger vorsichtig aus dem Hof fuhren.

»Sehr witzig!« James lehnte sich aus dem Fenster und schwenkte eine Straßenkarte. »Keine Sorge, zum Abendessen sind wir zurück!«

»Mandy!«, rief Jean im Haus. »Würde es dir etwas ausmachen, mich während der nächste Stunde am Empfang zu vertreten? Die Praxis quillt über und ich habe versprochen mich im Dorf mit Betty Hilder auf einen Kaffee zu treffen. Ich habe im Tierheim angerufen, um abzusagen, aber sie war bereits fort.«

Das wollte Mandy gern tun. Sie übernahm den Empfang, führte die letzten Patienten in die Behandlungszimmer und nahm die zahlreichen Anrufe entgegen. Ab und zu warf sie einen Blick zu Rudolph hinaus. Sein Zustand schien unverändert. Nicht besser, nicht schlechter.

»Welford 703267, Tierklinik ›Die Arche‹!«, sagte sie in den Telefonhörer. Es war beinahe Mittag. Ihr Vater war wegen eines Notfalls in Sam Westerns Milchkuhherde zum Gut Talblick gefahren. Ihre Mutter kümmerte sich gerade um die Patienten im Krankentrakt.

»Hallo?«, sagte eine Frauenstimme zögernd. »Vielleicht sollte ich Sie nicht damit belästigen, aber ich dachte, Sie könnten mir vielleicht einen Rat geben.«

»Mrs. Hastings?« Mandy erkannte die Stimme. »Ist irgendetwas mit Amber?« Ihr erster Gedanke war, dass das Kätzchen vielleicht an Katzenschnupfen erkrankt war wie Mr. Pickards Kater Tom.

»Oh, hallo, Mandy. Tatsächlich, so ist es. Aber sie ist nicht krank. Das ist es nicht.«

Mandy war erleichtert, aber verwirrt.

»Es ist eine dumme Sache…«

»Soll ich meine Mutter holen?«

»Nein, ich will sie wirklich nicht stören. Vielleicht weißt du einen Rat. Amber war heute Morgen ziemlich unartig, weißt du. Sie stellte alles Mögliche an und spielte Verstecken. Jedenfalls fand Alex sie irgendwann nicht mehr. Wir suchten im ganzen Haus nach ihr, konnten sie aber nirgends finden. Als dann mein Mann vor ein paar Minuten zum Mittagessen nach Hause kam, entdeckte er Amber.« Mrs. Hastings hielt inne, um Luft zu holen.

»Wo?« Mandy sah im Geiste den Gartenweg, die Veranda, das eingeschossige Gebäude der Hastings' vor sich.

»Auf dem Dach. Ich ging hinaus und da war sie, das ungezogene kleine Ding. Sie sitzt auf halber Höhe des Daches und will nicht herunterkommen!«

»Glauben Sie, dass sie sich verstiegen hat?«

»Ich weiß es nicht. Jeremy sagt, wenn sie hinaufgekommen ist, dann schafft sie es sicher auch, wieder hinunterzukommen. Er meint, wir sollten abwarten.«

Mandy wusste, dass Katzen einen ausgezeichneten Gleichgewichtssinn hatten, selbst junge Kätzchen wie Amber. Auf der anderen Seite war es dort oben auf dem Dach gewiss sehr kalt. »Haben Sie versucht sie herunterzulocken?«

»Ja. Ich habe ein Schälchen mit Milch auf die Türschwelle gestellt. Wir haben sie gerufen, aber sie reagiert nicht darauf. Was, meinst du, sollten wir tun?«

»Versuchen Sie es weiter«, entschied Mandy. »Versuchen Sie es sowohl mit Milch als auch mit etwas Futter. Und sagen Sie Alex, dass Katzen gewöhnlich wieder herunterkommen, wenn es ihnen da oben zu dumm wird.«

»Gut.« Mrs. Hastings klang beruhigt. »Wir wollen im Augenblick nur vermeiden, dass sie sich aufregt. Aber vermutlich hast du Recht. Wir werden es mit Futter versuchen. Herzlichen Dank, Mandy.«

»Gern geschehen. Rufen Sie uns an, wenn Amber herunterkommen ist?« Mandy würde keine Ruhe haben, bis das Problem gelöst war. Sie legte den Telefonhörer auf und fragte Simon, ob sie sich richtig verhalten hatte.

»Absolut«, beruhigte er sie. Er hatte eine neue Liste mit Arbeiten für Mandy. »Kannst du mir helfen das Bein des Cockerspaniels frisch zu verbinden? Und dann müssen wir dem Bordercollie einen Halskragen umlegen.«

»Damit er nicht mehr an der Naht beißen kann?« Der Hofhund hatte eine üble Verletzung am Rücken. Der kegelförmige Kragen um seinen Kopf würde dafür sorgen, dass er nicht mehr an seine Wunde gelangen konnte.

Simon nickte. Sie fuhren mit Routinearbeiten fort. Mitten am Nachmittag steckte dann Emily Hope ihren Kopf zur Tür herein, um nach ihnen zu schauen. »Wir haben eine Menge Arbeit!« Aber man sah ihr an, dass sie alles unter Kontrolle hatte. Wieder klingelte das Telefon. »Geh bitte ran, Mandy, ja?«

Mandy rannte zum Empfang. Vielleicht war es Lisa Hastings mit guten Nachrichten über Amber. »Welford 703267.«

»Tag, Mandy. Ich bin es, James!« Er klang weit entfernt. »Hör zu, du wirst nie erraten, was passiert ist.«

»Tag, James. Habt ihr euch verfahren?«

»Nein. Das Krankenhaus haben wir problemlos gefunden. Der Weihnachtsmann hat seine Arbeit getan, auch wenn ich es selbst nicht gesehen habe. Die Krankenschwestern meinten, dass meine Erkältung ansteckend ist. Jedenfalls haben alle Kinder ihre Geschenke bekommen. Dasher ist auf der Krankenstation gewesen. Die Kinder waren begeistert.«

»Und?« Mandy lehnte sich zur Seite, um durch das Fenster einen raschen Blick auf Rudolph zu werfen.

»Wir sind eingeschneit.«

»Was?« Mandy fiel die Kinnlade herunter.

»Wir sitzen hier in Leeds fest. Es schneit wie verrückt, die Straßen sind dicht und wir kommen nicht vom Fleck!«

»O nein!« Wenn sie bis morgen nicht wieder zurückkamen, war die Katastrophe perfekt. »Wie lange wird das dauern?«

»Keine Ahnung. Die Schneepflüge und Streufahrzeuge sind im Einsatz, aber du solltest sehen, was hier los ist, Mandy. Im Wetterbericht hieß es, dass es möglicherweise den ganzen Tag und die ganze Nacht weiterschneit!«

»Wo seid ihr genau?«

»Wir sind immer noch im Krankenhaus. Don konnte Dasher auf den Rasen hinausbringen, er ist also versorgt. Aber Don meint, dass wir möglicherweise heute nicht mehr nach Welford zurückfahren können.«

»Was ist mit morgen?« Der Weihnachtsabend. Der Auftritt des Weihnachtsmannes. Die Sammlung für Alex. Ihre Operation! Mandys Herz sank.

»Keine Ahnung. Wir hoffen, dass wir es schaffen. Don sagt, ihr sollt uns die Daumen drücken. Er lässt fragen, wie es Rudolph geht.«

»Er ist okay, auch wenn er immer noch ein bisschen matt aussieht. Hör mal, James...«

»Schnell, Mandy. Ich habe kein Kleingeld mehr.«

Die Leitung knackte. »Was sollen wir machen, wenn ihr es nicht schafft?«

Tut-tut-tut! Die Verbindung war unterbrochen. Mit einem hohlen Klicken legte Mandy den Hörer auf. Fast stieg Panik in ihr auf. Was für ein Tag! Eine

Katastrophe nach der anderen. Und nun, nur vierundzwanzig Stunden vor dem großen Ereignis, standen sie ohne Schlitten und Weihnachtsmann und mit einem einzigen, kranken Rentier da!

5. Kapitel

»Mandy, was um alles in der Welt ist passiert?« In Stiefeln, dicken Socken und einer Wachsjacke betrat ihr Großvater mit großen Schritten die Tierklinik. Er war auf dem Weg ins Dorf vorbeigekommen, um sich zu erkundigen, ob die Hopes etwas brauchten.

»Opa! Der Weihnachtsmann ... Don McNab ... Er ist in Leeds eingeschneit. Möglicherweise kann er bis morgen Abend nicht wieder hier sein!«

»Das ist ja furchtbar!« Selbst Tom Hope war fassungslos. »Wo wir doch schon alle eingeladen haben. Selbst aus Walton kommen Leute herüber, um den Weihnachtsmann zu sehen. Sie wollen gut unterhalten werden.« Für einen Augenblick setzte er sich auf einen Stuhl im Wartezimmer. Er zog seine dicken

Handschuhe aus und fuhr sich mit der Hand durch das graue Haar. »Und wir sind auf diese Aktion angewiesen, um die noch fehlenden achthundert Pfund zu sammeln.«

»Ich weiß.« Mandy begann zu überlegen. Sie schob die Angst beiseite, entschlossen nicht schwarz zu sehen. »Im schlimmsten Fall haben wir immerhin noch Rudolph.«

»Aber weder einen Schlitten noch einen Weihnachtsmann«, stöhnte der Großvater.

»Stimmt. Und vermutlich können wir nicht einmal sicher sein, ob Rudolph rechtzeitig gesund wird.« Mandy warf einen Blick nach draußen und ihr Mut verließ sie. Es war die dunkelste Zeit des Jahres. Das Licht am bedeckten Himmel wurde bereits schwächer. Aber immerhin schneite es in Welford nicht und Rudolph begann im Schnee zu scharren, um die grünsten Grashalme zu finden. »Aber nehmen wir mal an, er wird gesund. Pa sagt, es sei vielleicht nur eine Sache von vierundzwanzig Stunden.«

»So?« Der Großvater sah müde aus. »Die ganzen Vorbereitungen – vielleicht war alles völlig umsonst«, murmelte er.

»Hör zu!« Mandy ging zu ihm hinüber und kauerte sich neben ihn. Sie wollte nicht, dass er aufgab. »Rudolph sieht schon wieder ganz gut aus. Wir haben also immerhin ein Rentier!«

»Du meinst, das ist besser als nichts?«

»Genau. Und ein Schlitten ist vielleicht gar nicht so wichtig. Möglicherweise leiht uns auch jemand einen Transporter, etwa Mr. Western oder Mr. Collins. Den könnten wir dann mit Lichterketten schmücken, damit er ein bisschen wie ein Schlitten aussieht!«

»Wir greifen zur Selbsthilfe?« Der Großvater wurde wieder munter.

»Genau!« Nun war Mandy nicht mehr zu bremsen. »Ernie Bell ist handwerklich doch so geschickt. Vielleicht können wir ihn überreden uns zu helfen. Und einen Ersatz-Weihnachtsmann finden wir sicher leicht. Wir brauchen lediglich einen großen roten Mantel mit einer Kapuze und weißem Fellbesatz. Einen großen weißen Bart, einen Sack voller Geschenke...« Die Ideen sprudelten aus Mandy nur so heraus.

»Und jemanden, der die Sachen trägt«, erinnerte ihr Großvater sie.

»Ja.« Sie hielt inne und schaute ihm in die Augen. »Opa...«

»Also, ich weiß nicht.« Er hüstelte und stand auf. »Ich weiß nicht, ob ich mich dafür eigne. Aber was die übrigen Dinge angeht, hast du Recht, Mandy. Wir müssen einfach ein bisschen herumfragen. Ich bin sicher, irgendjemand ist gern dazu bereit!«

»…Ich werde darüber nachdenken«, sagte Julian Hardy, der Wirt des Gasthauses »Zum schlauen Fuchs«, als Mandy und ihr Großvater ihm ihre Bitte vorgetragen hatten. »Es ist ein bisschen kurzfristig, aber ich werde es mir überlegen.«

Mandy und ihr Großvater waren ins Dorf gegangen, um einen Ersatz-Weihnachtsmann zu suchen. Der Wirt war ein nahe liegender Kandidat, denn es war geplant, zunächst vor dem Gasthaus traditionelle Weihnachtslieder zu singen und die Sammlung durchzuführen, bevor die Menschen dann die Straße hinauf zum Haus Buche zogen.

»Na los, Papa!« John Hardy bestürmte seinen Vater kein Spielverderber zu sein. »Die beiden brauchen jemanden, der sofort zusagt.«

»Ich kann dir einen Mantel und einen langen weißen Bart besorgen.« Auch Mrs. Hardy versuchte ihren Mann zu überreden. »Das würde dir gut stehen!«

»Hohoho!« Der Wirt versuchte wie der Weihnachtsmann zu lachen. »Nein, das ist nichts für mich«, sagte er mit einem Stirnrunzeln. »Davon abgesehen werden wir im Gasthaus viel zu tun haben.«

»Oh, Papa!«

»Julian, bitte!«, ermunterte Mrs. Hardy ihren Mann.

»Ich werde darüber nachdenken.« Das war sein letztes Wort und so zogen Mandy und Tom Hope weiter quer über den Platz zu Walter Pickards Eckhaus.

»...Ich soll mich als Weihnachtsmann verkleiden?« Walter Pickard schnaubte verächtlich. Er hatte sie ins Haus gebeten, aber jetzt wünschte er offenbar, er hätte es nicht getan. »So etwas Verrücktes hab ich im Leben noch nicht gehört!«

»Nun denk doch mal eine Minute darüber nach.« Großvater Hope versuchte es mit Argumenten. »Du hast das richtige Alter für diese Aufgabe, Walter.«

»Du auch«, erwiderte Mr. Pickard.

»Gewiss, aber ich bin mehr für die Organisation zuständig. Ich bin ein Typ, der hinter den Kulissen arbeitet.«

Walter zog die Augenbrauen hoch. »Ach ja?«

»Ja. Du bist dagegen mehr von der praktischen Sorte. Ich kann dich als Weihnachtsmann regelrecht vor mir sehen, Walter. Davon abgesehen wirst du doch nicht alle im Stich lassen wollen, oder?«

Walter drehte und wand sich. Er hüstelte und scharrte mit den Füßen auf dem Boden. Er sagte, er hätte schlimmes Rheuma und müsste sich ständig um den kranken Tom kümmern.

»Du wirst also heute Abend nicht auf ein Bier ins Wirtshaus kommen?«, sagte der Großvater und zwinkerte Mandy verstohlen zu.

»Oh, das weiß ich noch nicht«, kam die prompte

Antwort. Er blickte seine Besucher finster an, unfähig, ihnen ihre Bitte einfach abzuschlagen. »Überlasst die Sache mir«, sagte er, als er sie zur Tür brachte. »Ich werde mit Ernie reden. Er ist eher euer Mann!«

»...Weihnachtsmann?« Adam Hope dachte nach. »Dafür bin ich ein bisschen zu jung, oder?«

Mandy und ihr Großvater hatten ihn vor der Poststelle getroffen. Er war gerade von Sam Westerns Gut zurückgekommen. Kunden kamen und gingen, die eilig noch Postkarten aufgaben und letzte Besorgungen machten. Mr. Hope hatte seinen Wagen angehalten und Mandy und ihrem Großvater angeboten sie im Auto mitzunehmen.

»Ich kann gern Sam Western anrufen und fragen, ob wir seinen Transporter ausleihen dürfen«, sagte er, als er von den Problemen erfuhr. »Aber ich bin nicht so sicher, ob ich den Weihnachtsmann spielen werde.«

»Du wärst bestimmt gut«, bettelte Mandy. »Nicht wahr, Opa?«

»Phantastisch. Du hast genau die richtige freundliche Art.« Aber es schien, als würde Großvater Hope mittlerweile in Erwägung ziehen, die Aufgabe vielleicht doch selbst zu übernehmen. »Da offenbar niemand darauf erpicht ist, gehe ich wohl besser nach Hause und kümmere mich um ein Kostüm für morgen Abend...«

»Ich könnte zu einem Notfall gerufen werden. Bis morgen kann alles Mögliche passieren.« Mandys Vater wollte sich offenbar nicht festlegen. »Schön, dass du dir solche Mühe gibst, Mandy. Ich werde darüber nachdenken.«

»Gibt es ein Problem?«, unterbrach sie eine vertraute Stimme. Mrs. Ponsonby erschien in der Tür der Poststelle, bereit in die Bresche zu springen. »Habe ich richtig gehört, dass der echte Weihnachtsmann abhanden gekommen ist?«, fragte sie Mandy, als sie auf den Bürgersteig heraustrat.

Mandy schluckte trocken. Wenn Mrs. Ponsonby auch nur die kleinste Chance erhielt, würde sie die Sache an sich reißen und beginnen alle herumzukommandieren. »Er sitzt in Leeds fest«, räumte Mandy ein. »Dort schneit es noch immer. Die Straßen sind blockiert.«

»Ach, du liebe Güte.« Und so wie Mrs. Ponsonby mit ihren beiden Hunden Toby und Pandora, die karierte Jäckchen trugen, da stand, nahm sie auch schon die Sache in die Hand. »Wir müssen etwas unternehmen!« Sie reckte entschlossen das Kinn vor. Die Federn an ihrem roten Hut flatterten im kalten Wind. Rund und unerschütterlich stand sie da. »Wir müssen einen Ersatz-Weihnachtsmann finden!«

»Genau das versuchen wir gerade.« Mandys Großvater bemühte sich zu Wort zu kommen. Eine Handbewegung von Mrs. Ponsonby brachte ihn zum

Schweigen. »Still, Tom, ich denke nach… Ja, natürlich. Also aufgepasst, überlassen Sie einfach alles mir!«

Als Mandy und ihr Großvater im Dorf alles getan hatten, was möglich war, kehrten sie zur »Arche« zurück. Da es schon längst Zeit zum Abendessen war, ging der Großvater die kleine Straße weiter hinunter zum Haus Flieder, um über sein weiteres Vorgehen nachzudenken, während Mandy müde und hungrig das Haus betrat.

»Was möchtest du zuerst hören: die gute Nachricht oder die schlechte?«, fragte ihre Mutter.

»Die gute.« Mandy seufzte und schleuderte ihre Stiefel fort. »Na komm, erzähl mir, dass es in Leeds nicht mehr schneit und die Straßen frei sind. Don ist auf dem Rückweg.«

»Schön wär's.« Emily Hope umarmte Mandy. »Nein – Rudolph ist auf dem Weg der Besserung. Er hat kein Fieber mehr und frisst wieder normal.«

»Dem Himmel sei Dank.« Jetzt konnte die Weihnachtsaktion kein völliger Reinfall mehr werden. Rudolph würde der Star des Abends sein.

»Rudolph rettet den Tag.« Adam Hope stand am Telefon. »Ich will Susan Collins' Vater anrufen, um ihn zu bitten, dass er gleich morgen früh seinen Transporter herbringt.«

»Und die schlechte Nachricht?«, fragte Mandy

vorsichtig. Ihre Mutter hatte Mütze und Jacke angezogen und war offenbar im Gehen begriffen.

»Ich habe gerade von Lisa Hastings erfahren, dass Amber immer noch auf dem Dach ist.«

»O nein! Sie hat sich nicht mit dem Futter herunterlocken lassen?«

»Offenbar nicht. Und die Temperatur draußen ist wieder unter den Gefrierpunkt gefallen. Ich habe versprochen vorbeizuschauen, um zu sehen, ob ich irgendetwas ausrichten kann.«

»Ich komme mit!« Obwohl Mandy todmüde war, bot sie sofort ihre Hilfe an.

»Gut, dann komm. Je schneller, desto besser.«

Also drehte sich Mandy um, zog ihre Stiefel wieder an und verließ mit ihrer Mutter das Haus.

»Anstrengender Tag, nicht?« Mrs. Hope fuhr sicher die schmale Straße hinunter. Der Schnee funkelte gelblich im Scheinwerferlicht. Wann immer der Geländewagen einen niedrigen Ast oder Busch streifte, rieselte ein Schauer weichen Schnees zu Boden.

Mandy nickte. »Arme Amber. Sie ist schon seit Stunden auf dem Dach.«

»Ich weiß. Und es ist wieder sehr kalt geworden. Ich mache mir Sorgen, dass Amber sich unterkühlt.« Sie warf Mandy einen Blick zu. »Wenn bei einem Tier oder auch bei einem Menschen die Körpertemperatur unter einen bestimmten Punkt sinkt, dann wird der Betroffene schläfrig. In schlimmen Fällen verliert er das Bewusstsein.«

»Und Amber ist noch so klein.«

»Das verschlimmert die Sache, fürchte ich. Junge Katzen sind empfindlicher. Sie besitzen nicht so viel Körperfett, das sie vor Kälte schützt.«

Mandy biss sich auf die Lippe und versuchte, nicht an das Schlimmste zu denken.

Als sie an der Villa der Collins' vorbeifuhren, kam das Haus Buche in Sicht. Auf der Hauptstraße herrschte reger Verkehr, denn die Leute kehrten von der Arbeit oder letzten Einkäufen in Walton zurück. Kurz darauf hielt Mrs. Hope vor dem Haus der Hastings an.

»Da ist sie. Sie ist immer noch auf dem Dach!« Mandy kletterte hastig aus dem Auto, als sie eine winzige dunkle Gestalt auf der langen weißen Dachschräge entdeckte. Mr. Hastings stand im Vorgarten. An der Hauswand lehnte eine Leiter.

»Wollen wir hoffen, dass es nicht zu spät ist.« Emily Hope trug ihre schwere Arzttasche auf die Veranda und sprach an der Tür ein paar Worte mit Mrs. Hastings.

»Es tut uns Leid Sie zu belästigen«, begann Alex' Mutter, »aber wir haben alles versucht, außer auf das Dach zu steigen. Es ist furchtbar glatt. Außerdem befürchtet Jeremy, das Kätzchen könnte aus Angst noch höher hinaufklettern und das Gleichgewicht verlieren.«

»Wir sind gern gekommen.« Mrs. Hope lächelte beruhigend. »Wo ist Alex?«

»In ihrem Zimmer. Sie ist krank vor Angst wegen Amber. Wir wissen nicht, wie das Kätzchen auf das Dach gekommen ist, aber Alex glaubt, es sei ihre Schuld, weil sie nicht besser auf Amber aufgepasst hat. Sie weint sich die Augen aus.«

»Sagen Sie ihr, sie soll sich keine Sorgen machen.« Emily Hope trat von der Veranda herunter und ging mit Mandy zu Mr. Hastings, der am Fuß der Leiter stand.

»Es hat keinen Zweck.« Er schüttelte den Kopf. »Jedes Mal, wenn ich hinaufklettere, zieht sie sich nur ein Stück weiter zurück. Ich möchte nicht, dass sie aus Angst eine falsche Bewegung macht.«

Mandy reckte den Hals nach dem winzigen Kätzchen. Sie konnte gerade eben ein jämmerliches Fellbündel erkennen, das zitternd auf dem Dach saß, und hörte ein schwaches Miauen. Vor lauter Angst wagte es Amber nicht, auch nur einen Muskel zu bewegen.

»Friert sie dort oben sehr?«, fragte Mr. Hastings hilflos.

»Ja, sehr. Sie wird sich Erfrierungen holen, wenn sie noch lange dort bleibt.« Mrs. Hope überlegte rasch, dann sagte sie: »Mandy und ich werden versuchen Amber herunterzuholen, aber ich denke, Sie sollten inzwischen den Tierschutzverein anrufen. Dort hat man die richtige Ausrüstung für solche

Fälle. Schildern Sie die Situation und bitten Sie darum, dass sofort jemand kommt!«

Mr. Hastings nickte und lief ins Haus. Als er die Tür öffnete, sah Mandy William, der sich im Flur herumdrückte. Offenbar wollte er wissen, was passierte, aber gleichzeitig niemandem in die Quere kommen. Die Tür schloss sich wieder und versperrte Mandy die Sicht auf den Jungen.

»Lass mich die Leiter hinaufklettern, Ma«, sagte Mandy rasch. »Amber kennt mich. Wenn ich hinaufgehe und sie rufe, wird sie eher kommen.«

Emily Hope prüfte die Leiter. »Gut, aber riskiere nichts. Ich möchte auf keinen Fall, dass du auf das Dach kletterst. Hast du verstanden?« Sie wusste, dass Mandy kein Risiko scheuen würde, wenn man ihr das nicht ausdrücklich verbot.

Mandy musste es versprechen. Sie konnte also nur versuchen Amber herunterzulocken.

»Viel Glück«, sagte ihre Mutter. Sie hielt die Leiter fest, während Mandy den Fuß auf die erste Metallsprosse setzte.

Mandy zählte die Sprossen. Sechs, sieben, acht. Als sie die neunte erklommen hatte, war ihr Kopf in Dachhöhe. Sie spähte die verschneite Schräge zum First hinauf. Amber saß zitternd da, gegen den Schornstein gekauert. Ihre Augen leuchteten in der Dunkelheit. »Komm her, Amber!« Mandy stieg noch eine Sprosse empor. Das Kätzchen wich zurück.

»Das ist weit genug, Mandy!«, mahnte ihre Mutter von unten. »Wenn sie auf dein Rufen nicht reagiert, überlassen wir die Sache dem Tierschutzverein!«

Mandy lehnte sich gegen die Dachrinne und streckte beide Hände aus. Ihre Beine zitterten. Der eisige Wind wirbelte lockeren Schnee auf und blies ihn Mandy ins Gesicht. »Amber, hab keine Angst. Komm her!«

In ihrer Verwirrung deutete Amber Mandys ausgestreckte Arme als Gefahr. Sie wich noch weiter zurück, verlor auf dem schneebedeckten First beinahe den Halt und kam ins Rutschen. Mandy hielt die Luft an. Mühsam fand das Kätzchen sein Gleichgewicht wieder und duckte sich neben den Schornstein.

»Schaffst du es?«, rief Mrs. Hope.

»Nein!« Verzweifelt ließ Mandy ihren Blick über die heimtückische Schräge gleiten. Das Dach war glatt und weiß, mit Ausnahme von zwei erhöhten quadratischen Feldern. Die Dachfenster. Sie waren ebenfalls mit Schnee bedeckt, doch sie brachten Mandy auf eine Idee. »Ich komme herunter!« Mühsam bewegte sie ihre zitternden Beine und kletterte die Leiter herunter.

»Und jetzt?« Emily Hope schaute auf ihre Uhr. »Wo bleibt nur der Tierschutzverein?«

»Ich werde es von innen versuchen!« Mandy rannte ins Haus, um mit Mr. und Mrs. Hastings zu sprechen. »Kann man die Dachfenster von innen öffnen?«, fragte sie.

Jeremy Hastings nickte. »Sie haben Scharniere und lassen sich anheben. Komm, sieh sie dir an!« Er ging mit Mandy in Alex' Zimmer.

»Mandy, bitte, hol Amber herunter!« Das kleine Mädchen saß zusammengekauert auf dem Bett und weinte bei dem Gedanken, dass Amber erfrieren könnte.

Tapfer setzte Mandy eine zuversichtliche Miene auf. »Keine Sorge, wir werden sie dir zurückbringen.« Sie war bestürzt über Alex' blasses, tränenüberströmtes Gesicht und ihre kummervolle, schwache Stimme.

»Lasst sie nicht sterben, bitte!«

»Alex, Liebling, wir tun, was wir können.« Jeremy Hastings sah sich suchend im Zimmer nach etwas um, auf das er steigen konnte.

Alex schluchzte leise und verbarg ihr Gesicht in den Händen, während ihr Vater einen Stuhl in die Mitte des Zimmers stellte und das schneebedeckte Fenster in der Dachschräge aufzustemmen versuchte.

Mandy wartete ungeduldig, während sie hoffte, dass die Geräusche das Kätzchen auf dem Dach nicht noch mehr verängstigten.

»Es hat keinen Zweck. Es ist zugefroren.« Mr. Hastings gab auf und sprang zu Boden.

»Und das andere Fenster?« Mandy hatte die Umrisse eines zweiten Fensters gesehen.

»Es ist in Williams Zimmer!« Mr. Hastings ließ Alex weinend zurück, lief zum Nebenzimmer und stürzte ohne anzuklopfen hinein. Mandy folgte ihm. Was William sich wohl bei all dem dachte? Sie sah ihn blass und schweigend auf seinem Bett sitzen. Er tat so, als würde er ein Buch lesen, doch offenbar hatte er Angst. Mandy stand unter dem Dachfenster, während Mr. Hastings wieder ins andere Zimmer rannte, um einen Stuhl zu holen, und schaute zu Boden. Dabei entdeckte sie auf dem beigefarbenen Teppich eine dunklere Stelle – einen nassen Fleck von etwa zehn Zentimeter Durchmesser.

William war ihrem Blick gefolgt. Er schlug sein Buch zu und blickte finster drein. War Wasser durch den Fensterrahmen gesickert? Mandy schaute empor. Oder war Schnee zum offenen Fenster hereingeweht? Dieses Fenster war niedriger, gerade außer Reichweite. Sie sah wieder zu Alex' Bruder hinüber, der noch bleicher wurde. Als er seinen Vater zurückkommen hörte, begann seine Lippe zu zittern.

»William?« Plötzlich begriff Mandy, wie Amber auf das Dach gelangt war. Der Junge hatte das Fenster geöffnet und sie mit voller Absicht hinausgesetzt! Dann hatte er das Fenster wieder zugemacht und sie ausgesperrt!

»Bitte sag nichts!«, flüsterte er schuldbewusst und verängstigt.

Mr. Hastings eilte herein und stellte den Stuhl über den nassen Fleck, ohne ihn zu bemerken. Dann stieg er auf den Stuhl. Diesmal ließ sich das Fenster leicht öffnen. Er schob es auf. »Komm, Mandy, sieh es dir an. Schau, ob du Amber von hier aus herunterlocken kannst.«

Nachdem Mandy sich von ihrem Schrecken erholt hatte, kletterte sie auf den Stuhl und spähte hinaus. Sie war Amber jetzt näher, konnte sie aber immer noch nicht erreichen. Obwohl das Kätzchen sie sah, reagierte es nicht. Es blinzelte und zitterte, versuchte aber nicht zu fliehen.

Mandy wusste, was das bedeutete. Amber war mittlerweile so durchgefroren, dass sie schläfrig wurde. Bald würde sie ohnmächtig werden und erfrieren. »Amber, komm her!«, rief Mandy. In ihrer Verzweiflung versuchte Mandy auf das Dach zu robben.

»Vorsicht!«, schrie Mr. Hastings.

Draußen auf der Straße hielt endlich der Lieferwagen des Tierschutzvereins. Von ihrem Aussichtspunkt sah Mandy zwei Männer mit einer speziellen Dachleiter in den Garten der Hastings eilen. Sie kletterten hintereinander an der Hauswand hoch, legten die Dachleiter flach auf den Schnee und rückten sie zurecht.

Amber sah die Leiter und stieß einen Schrei aus. Sie schoss den Dachfirst entlang, glitt aus und stürzte beinahe.

»Vorsicht, sonst fällt sie vielleicht herunter!«, rief Mandy warnend. Der erste Mann begann das Dach zu erklimmen.

Es war ihre letzte Chance. Wenn das Kätzchen noch länger im Freien blieb, würde es sterben. Mandy betete, dass den Männern gelingen würde, was sie nicht geschafft hatte.

Aber die Angst machte Amber wieder lebendig. Sie lief noch ein Stück weiter weg und schaute sich um, die Augen vor Schreck weit aufgerissen. Direkt über ihr befand sich ein Ast von einem der hohen Bäume im Garten. Das Kätzchen sah ihn und duckte sich. Der Mann zögerte einen Moment. Dann warf er sich nach vorn, um es zu packen.

Amber sprang. Sie sprang zu dem Ast hoch. Er schaukelte und schwankte. Das Kätzchen klammerte sich an ihn.

»Sie ist mir entwischt!«, rief der Mann. Unten brüllte jemand etwas und auf der Straße donnerte der Verkehr vorbei. Der dunkle Schatten des Baumes hatte Amber verschluckt.

»Schnell!« In einem Schauer aus lockerem Schnee glitt Mandy in das Zimmer zurück. Sie rannte durch den Flur und auf die Veranda hinaus. Dort stand ihre Mutter mit ihrer Tasche bereit, um Amber zu behandeln. »Sie ist auf den Baum gesprungen. Wir sehen sie nicht mehr!«, rief Mandy.

»Holen Sie eine Taschenlampe!«, sagte Emily Hope zu Jeremy Hastings. Sie liefen zum Fuß des Baumes.

»Leuchten Sie in die Krone hinauf!« Der Mann vom Tierschutzverein hatte eine eigene Taschenlampe. Die Strahlen durchdrangen die Dunkelheit.

»Sie ist irgendwo dort oben!«, flüsterte Mandy. »Sie muss dort sein!«

Doch obwohl die Männer vom Tierschutzverein ihre Leiter holten und noch einmal hinaufstiegen, konnten sie Amber nicht entdecken.

»Sie kann doch nicht einfach verschwunden sein!«
Verzweifelt rannte Mandy auf die Straße, um festzustellen, ob sie Amber von dort aus sehen konnte. Der Mond schien durch die kahlen Zweige des Baumes. Weit und breit keine Spur von Amber.

»Pass auf die Autos auf!«, mahnte Mr. Hastings.

Mandy hielt sich dicht am Straßenrand und suchte die Straße ab. Vielleicht hatte das Kätzchen das Gleichgewicht verloren und war heruntergestürzt. Doch auch hier Fehlanzeige!

Ambers gewaltiger Satz vom Dach auf den Baum nahm ein unerklärliches Ende. Sie suchten und suchten, doch das Kätzchen schien sich in Luft aufgelöst zu haben!

6. Kapitel

»Was soll ich jetzt Alex sagen?«, fragte Mr. Hastings, als er seine Taschenlampe ausknipste.

Alle waren ratlos und froren. Die Männer vom Tierschutzverein hatten ihre Leiter wieder auf den Wagen geladen und waren fortgefahren.

»Ich denke, wir sollten ihr die Wahrheit sagen«, erwiderte Mandys Mutter und bot Mr. Hastings an ihm dabei zu helfen.

Sie stapften ins Haus. Mrs. Hastings holte Alex aus ihrem Zimmer. Schonend brachten sie ihr bei, dass Amber verschwunden war. Es gab tränenreiche Fragen. »Wie kann das sein? Sitzt sie nicht mehr auf dem Dach? Wo ist sie jetzt?« Die Erwachsenen waren sehr einfühlsam, mussten jedoch eingestehen, dass sie versagt hatten.

»Zumindest können wir nichts tun, bevor es wieder hell wird«, sagte Mrs. Hastings zu Alex. »Morgen früh können wir die Suche wieder aufnehmen. Bei Tageslicht werden wir mehr sehen als jetzt.«

»Aber es ist so kalt!« Alex zitterte vor Angst. »Warum können wir nicht versuchen sie jetzt zu finden?«

»Wir haben sehr lange nach ihr gesucht«, begann Mr. Hastings. Aber dann sah er den Ausdruck in Alex' grünen Augen. »Gut, ich werde es noch einmal versuchen.«

Mandy ging mit ihm, während Mrs. Hastings und Mrs. Hope sich alle Mühe gaben Alex zu beruhigen.

»William, komm und hilf uns«, rief Jeremy Hastings an der Haustür.

Der Junge öffnete langsam die Zimmertür, doch als er Mandy sah, schloss er sie rasch wieder.

»Was ist nur in ihn gefahren?«, sagte sein Vater ungeduldig. »Wieso schmollt er? Als hätten wir nicht schon genug Sorgen.«

Mandy wartete, während Mr. Hastings seinen Sohn holte. William erschien widerwillig und murrend, denn er wollte nicht in die Kälte hinaus. Er mied Mandys Blick.

»Es ist nicht mal meine Katze«, beklagte er sich, während er seinem Vater gehorchte und seine Stiefel anzog.

»Aber Alex ist außer sich. Willst du uns nicht ihr zuliebe helfen Amber zu finden?«

William kniff den Mund zusammen und schwieg.

»Los, jetzt denk ausnahmsweise einmal nicht nur an dich.« Mr. Hastings reichte jedem eine Taschenlampe und sie gingen hinaus. Sie suchten hinter Büschen, an einer niedrigen Mauer und auf dem Rasen, wo immer noch die beiden Schneemänner standen und im Mondlicht weiß schimmerten.

»Lassen Sie uns nach Fußspuren suchen«, schlug Mandy vor. Sie richtete den Strahl ihrer Taschenlampe auf den Boden. »Wenn Amber vom Baum gefallen und weggelaufen ist, müssten wir ihre Fährte rasch finden.«

Eine Weile bekam ihre Suche einen neuen Sinn. Zweifellos hatte Mandy Recht. Das Kätzchen musste irgendwelche Spuren im Schnee hinterlassen haben. Aber die Minuten verstrichen. Zuerst suchten sie auf dem Rasen nach verräterischen Zeichen, dann unter der Buche. Mr. Hastings stieg sogar die Leiter hinauf, um nachzusehen, ob es auf dem Dach neue Spuren gab. Aber auch dort hatte er kein Glück.

»Mir ist kalt!«, jammerte William. Er schniefte und wimmerte. »Meine Zehen tun weh! Ich kann meine Finger nicht mehr spüren!«

»Na, dann überleg einmal, wie sehr Amber frieren muss!« Mr. Hastings ließ nicht zu, dass der Junge ins Haus zurückkehrte. »Du gehst jetzt mit Mandy auf die Straße und suchst dort. Und pass auf die Autos auf!«

»Es kommt nichts«, rief Mandy. Sie stand am Tor und leuchtete dort, wo die Äste des Baumes über die Straße hingen, mit ihrer Taschenlampe die Mauer entlang. »Kannst du irgendwelche Spuren entdecken?«, fragte sie William.

William blickte finster drein. »Nein. Und überhaupt ist es nicht meine Schuld, dass die dumme Katze verschwunden ist! Warum hat Alex nicht besser auf sie aufgepasst?«

Mandy biss sich auf die Zunge. Sie hasste es, wenn jemand Tiere dumm nannte. Plötzlich platzte es aus ihr heraus. »Hör zu, William!«, flüsterte sie eindringlich und zog ihn zur Seite.

»Lass mich los! Was soll das?«

»Bist du sicher, dass du nichts mit Ambers Verschwinden zu tun hast? Was ist mit dem Schneewasserfleck auf deinem Teppich?«

»Ich bin nicht schuld daran. Ich habe nur versucht das dumme Ding zu retten, bevor Mama euch angerufen hat!« Endlich sah er sie an und seine Augen funkelten zornig. »Außerdem glaubst du mir ja sowieso nicht. Nie glaubt mir jemand. Nie ist Alex an etwas schuld. Immer ich!« Er riss sich los und stürmte in den Garten. Mandy folgte ihm rasch.

Sie sah, wie William über die niedrige Mauer auf den Rasen sprang. Er rannte geradewegs zu den

Schneemännern, die er und James gebaut hatten, stürzte sich auf den ersten und schlug und trat auf ihn ein, bis er umfiel und zerbarst. Wenig später lag auch der zweite zerstört am Boden.

»So!«, fuhr er sie an, während sein Vater zu ihnen hinüberrannte. »Das halte ich von dämlichen Schneemännern. Und ich hoffe, dass ihr Amber nie finden werdet! Ich hoffe, dass sie erfriert!«

»Er meint das nicht so«, sagte Mrs. Hope, als sie und Mandy nach Hause fuhren.

»Es hat sich aber ganz so angehört.« Mandy war über diesen Ausbruch entsetzt gewesen. Zum Schluss war Mrs. Hastings hinausgekommen und hatte William ins Haus geholt.

»Er ist erst sieben, vergiss das nicht. Und seine Familie hat im Moment eine Menge Probleme.«

»Stimmt. Und William macht sie noch schlimmer.« Mandy konnte ihm nicht verzeihen, dass er so herzlos über Amber geredet hatte. Sie saß da und starrte mit unheilvollem Gesicht auf den schneebedeckten Hügel hinaus. Da waren zum einen die Schwierigkeiten mit dem Weihnachtsmann. Es war durchaus möglich, dass die Aktion der Großeltern ins Wasser fiel. Zum anderen war Alex wegen Amber so außer sich, dass sie von der Veranstaltung, so sie denn stattfand, vielleicht gar nichts hatte, weil sie zu krank war. Und dann war da natürlich noch das Kätzchen, das die ganze Nacht draußen in der Kälte verbringen musste.

»Ich bin sicher, dass er nichts schlimmer machen will«, beharrte Mandys Mutter. »Ich denke, er kann nichts dafür, der arme Junge.« Sie bog in ihre kleine Straße ein. »Es muss schwer für ihn sein, eine kleine Schwester zu haben, die die gesamte Aufmerksamkeit erhält. Alex ist krank und natürlich machen sich ihre Eltern Sorgen um sie. Für William bleibt da im Moment nicht viel Zeit. Ich nehme an, er fühlt sich ausgeschlossen.«

»Du meinst, er ist eifersüchtig?« Daran hatte Mandy noch gar nicht gedacht. »Aber deshalb muss er doch die Schneemänner nicht kaputtmachen. Das ergibt doch keinen Sinn.«

»Manches im Leben ergibt keinen Sinn.« Sie fuhren die Auffahrt zu ihrem Haus hinauf und hielten im Hof.

»Ma...?« Stirnrunzelnd löste Mandy ihren Sicherheitsgurt. »Ich verstehe, was du meinst. William rächt sich.«

»Ja. Aber er muss sich an Dingen rächen, die ihm eigentlich gar nichts getan haben. Wie die Schneemänner.«

»Und Amber?«, überlegte Mandy laut. Obwohl William es abstritt, blieb der Verdacht, dass er es gewesen war, der das Kätzchen auf das Dach gesetzt hatte.

»Möglicherweise.« Schweigend hörte sich Mrs. Hope an, wie Mandy die ganze Geschichte sah. Sie seufzte. »Du meine Güte, hoffentlich hast du Unrecht. Sonst muss sich der arme Junge ja schrecklich fühlen.«

»Arme Alex, arme Amber!« Wenn Mandys Vermutung stimmte, dann hatte William sich an dem gerächt, was seine Schwester am meisten liebte. Und nun musste ein unschuldiges Tier dafür büßen.

»Kopf hoch!« Lächelnd begrüßte Adam Hope Mandy und ihre Mutter. »Jetzt sagt bloß, ihr habt sie draußen im Hof nicht gesehen?«

Mandy schüttelte müde den Kopf. »Nein. Wen?«

»Nicht wen. Was. Den Lieferwagen und den Transporter. Don ist wieder da!«

»Na, allerdings bin ich wieder da.« Der drahtige Schotte kam in Jeans und T-Shirt barfuß die Treppe herunter. »Ich hab ein langes heißes Bad genommen und jetzt werde ich meine Füße vor dem Fernseher hochlegen.«

»Ist Dasher auch da?« Es dauerte eine Weile, bis Mandy begriff. Als Letztes hatte sie gehört, dass der Transporter in einer Schneewehe vor einem Krankenhaus in Leeds stecken geblieben war.

»Jawohl, und James auch. Alle sind wieder sicher und wohlbehalten zu Hause.« Vom Baden glänzte Dons Gesicht rot. »Wo habe ich jetzt nur meine

Turnschuhe hingestellt?« Er kratzte sich am Kopf und begann in der Küche zu suchen.

»Aber wie sind Sie zurückgekommen?« Einen Moment lang sah Mandy in ihrer Phantasie das Rentier wie durch Zauberhand mit dem Schlitten über die Dächer fliegen.

»Die Schneepflüge haben uns freigeschaufelt. Sie haben gute Arbeit geleistet. Am Spätnachmittag lief der Verkehr wieder. Da wir euch nicht erreichen konnten, machten wir uns auf den Heimweg. Aber es ist trotzdem eine nette kleine Geschichte.« Er kicherte. »Also wo habe ich nur meine Schuhe gelassen?«

»Wenigstens brauche ich jetzt diesen roten Mantel nicht anzuziehen.« Mr. Hope klang erleichtert. Er sorgte dafür, dass Mandy sich hinsetzte und einen großen Teller Bohnen aß. »Sie haben uns ganz schön Sorgen bereitet, Don. Mandys Großvater war im ganzen Dorf unterwegs und hat versucht einen Ersatzmann zu finden.«

»Und keiner wollte es machen«, fügte Mandy hinzu. Sie verschlang ihr Abendessen, froh, wenigstens eine große Sorge los zu sein. »Alle sagten: ›Ich werde darüber nachdenken‹, und meinten ›Nein‹, nicht wahr? Aber nun geht es ja Rudolph wieder gut und Sie sind zurück.«

»Alles in Butter!« Don war fröhlich wie immer. »Vielleicht habe ich sie in meiner Tasche gelassen«, murmelte er. Er schlurfte barfuß davon, die Treppe hinauf ins Gästezimmer. Dann hörte man ihn polternd wieder herunterkommen. Er hatte seine Schuhe an, aber sie waren nicht zugebunden. Er runzelte verwirrt die Stirn. »Das sieht mir gar nicht ähnlich. Gewöhnlich bin ich ein sehr ordentlicher Mensch!«

Mandy sah ihre Eltern an und verdrehte die Augen. Don hatte sicher viele gute Eigenschaften, aber Ordnungsliebe gehörte gewiss nicht dazu. »Was haben Sie verloren?«

»Ach, ich würde es nicht unbedingt verloren nennen. Mehr verlegt. Also ich hätte schwören können, dass ich sie in meine Tasche getan habe.«

»Ihre Schuhe? Sie haben sie an den Füßen, Don«, machte Mandy ihn sanft aufmerksam.

»Nein, nein, nicht meine Schuhe. Nein, ich spreche von den Kleidern des Weihnachtsmannes. Dem besten roten Mantel und den schwarzen Stiefeln des alten Herrn. Ich sagte ihm, ich würde sie für ihn herrichten, deshalb hat er sie mir gegeben. Aber jetzt kann ich sie nirgends finden!«

»Er hat die Sachen im Krankenhaus vergessen«, bestätigte Adam Hope, als er in Mandys Zimmer kam, um Gute Nacht zu sagen. »Die Pflegedienstleiterin hat gerade angerufen und Bescheid gesagt. Der Mantel des Weihnachtsmannes liegt sauber zusammengefaltet auf einem Bett in einem leeren Krankenzimmer!«

Mandy gab einen Laut von sich, der eine Mischung aus Stöhnen und Kichern war.

»Und du sagst immer, *ich* wäre geistesabwesend!« Mandys Vater setzte sich für einen Moment auf die Bettkante. »Deine Mutter sagt, du hast einen harten Tag gehabt?«

Mandy nickte. »Wir haben überall nach Amber gesucht, aber wir konnten sie einfach nicht finden. Was kann nur mit ihr geschehen sein, Pa?« Sie wusste, dass sie vor lauter Sorge nicht schlafen würde.

Ihr Vater zuckte die Achseln. »Ich weiß nicht recht, aber lass uns versuchen es herauszufinden. Eines steht jedenfalls fest. Eine Katze kann sich nicht einfach in Luft auflösen. Also erstens: Bist du ganz sicher, dass sie vom Dach gesprungen ist?«

»Ja, auf den Baum bei der Mauer. Wir haben gesehen, wie sie auf einem Ast gelandet ist, aber es war so dunkel, dass wir sie aus den Augen verloren haben.«

»Und sie ist ganz bestimmt nicht mehr auf dem Baum?«

»Nein. Wo kann sie also sein?«

»Na ja...« Mr. Hope sprach sanft. »Wir müssen vermutlich davon ausgehen, dass Amber heruntergefallen ist.«

Mandy verzog das Gesicht und schloss die Augen. Genau das hatte sie nicht hören wollen.

»Nun hör mal, Schatz. Nehmen wir einmal an, sie ist gefallen. Schließlich war es dunkel und sie war völlig verschreckt. Aber du weißt, dass Katzen die verblüffende Fähigkeit haben, immer auf ihren Füßen aufzukommen. Man nennt das einen Körperstellreflex.«

Mandy machte die Augen auf und sah ihn an. »Und was bedeutet das?«

»Es funktioniert folgendermaßen: Wenn eine Katze im freien Fall in die Tiefe stürzt, dreht sie reflexartig zuerst ihren Kopf in Normallage, dann den

Vorderkörper und schließlich den Hinterkörper, sodass sie mit den Füßen zuerst auf dem Boden aufkommt. Das Ganze dauert nur Bruchteile von Sekunden, doch siehe da, sie landet sicher. Eines ihrer neun Leben ist gerettet!«

Mandy holte tief Luft. »Glaubst du, so ist es Amber ergangen?«

»Möglich wäre es. Sie fällt und kommt richtig auf, sodass sie unverletzt bleibt. Dann sucht sie sich schnell ein Versteck und wartet, bis der ganze Trubel vorbei ist.«

»Ja. Vielleicht hatte sie Angst vor den Taschenlampen und dem ganzen Lärm.« Mandy stellte sich vor, dass sich das Kätzchen irgendwo in Sicherheit gebracht hatte und vor dem Wind geschützt nun darauf wartete, bis sich alles beruhigt hatte. Morgen früh würden die Hastings dann ihre Haustür öffnen und auf der Fußmatte eine miauende Amber finden, die ihr Frühstück verlangte. »Ich hoffe nur, dass sie ein warmes Versteck gefunden hat.«

»Ich auch.« Ihr Vater stand auf und knipste das Licht aus. »Nach einem solchen Tag haben wir ein bisschen Glück verdient. Mach dir also bitte keine zu großen Sorgen, okay?«

Die Tür schloss sich hinter ihm und das Zimmer versank in Dunkelheit. Mandy versuchte zu schlafen. Doch da war etwas, das sie quälte. Wenn ihr Vater Recht hatte und Amber sicher aufgekommen war, warum hatten sie dann keine Fußspuren im Schnee gefunden? Diese Frage beschäftigte Mandy bis nach Mitternacht. Weder Fußspuren noch andere Anhaltspunkte. Nichts. Arme kleine Amber. Es schien, als sei sie einfach verschwunden.

7. Kapitel

Schon vor dem Frühstück erschien Großmutter Hope mit einer Schere, Nähnadeln und einem Arm voll altem rotem Vorhangstoff in der »Arche«. »Wir werden einfach improvisieren müssen!«, rief sie und griff sich Don, um für einen Ersatzmantel des Weihnachtsmannes Maß zu nehmen. »Ich nehme an, der Weihnachtsmann hat etwa die gleiche Größe wie Sie«, sagte sie mit einem Augenzwinkern.

»Ja, aber um die Taille ist er ein bisschen dicker.« Don klopfte auf seinen Bauch.

Wie üblich spielte Mandy mit. Sie half ihrer Großmutter, den Mantel für den großen Umzug am Abend vorzubereiten. Sie legten den Stoff auf den Küchentisch, strichen ihn glatt und schnitten ihn zu. Dann begann die Großmutter mit surrender Maschine Nähte, Säume und Verschlüsse zu nähen. Als es neun Uhr war, konnte Don das fertige Stück anprobieren.

»Was machen wir mit dem Bart?« Die Großmutter trat zurück, um ihr Werk zu begutachten.

»Watte!« Mandy rannte in die Praxis. Sie sauste durch das volle Wartezimmer, nahm eine Packung Watte aus dem Schrank und raste ins Haus zurück. Mochte kommen, was wollte, sie würden es bis zu dem großen Ereignis schon schaffen.

»Stiefel?« Die Großmutter hatte ihre Arbeit fast vollendet. Der Bart war ein Wunderwerk aus Pappe, Klebstoff, Watte und zwei Gummis, mit denen man ihn an den Ohren befestigte.

»Pas Gummistiefel!« Mandy sprang auf, um sie zu holen. Als sie schließlich zufrieden waren und Don hinausgegangen war, um Rudolph und Dasher für den Abend zu striegeln und zu bürsten, rief Mandy bei James an, um ihn zu fragen, ob er sie zum Haus Buche begleiten würde.

»Wie viel Uhr ist es? Hast du die Hastings schon angerufen?«, erkundigte James sich schläfrig.

»Bis jetzt noch nicht.« Mandy hatte es hinausgeschoben. »Sie haben sich auch nicht bei uns gemeldet.« Ihre Hoffnung, dass Amber auf der Türschwelle des Hauses erschienen war, schwand. In diesem Fall hätten die Hastings angerufen. »Ich wollte dich fragen, ob du mitkommst und uns bei der

Suche hilfst.« Mandy hoffte, dass James Ja sagen würde. Er war in Krisensituationen eine große Hilfe. Er behielt einen klaren Kopf und hatte immer gute Ideen.

»Sicher. Wann?«

»In einer halben Stunde.«

»Wir treffen uns dort.« James war jetzt hellwach und verschwendete seine Zeit nicht mit vielen Worten.

Tatsächlich war er vor Mandy beim Haus Buche. Als Mandy dort ankam, suchte er mit Mrs. Hastings schon nach dem verschwundenen Kätzchen. Mr. Hastings war zur Arbeit in den Tennisverein gegangen und William und Alex befanden sich im Haus.

»Wie geht es Alex?«, fragte Mandy.

»Seit gestern hat sie sich etwas beruhigt«, erwiderte Mrs. Hastings. »Aber sie ist furchtbar traurig. Mir fällt nichts ein, womit ich sie aufheitern könnte. Sie hat das Interesse an Weihnachten völlig verloren.«

Mandy konnte gut verstehen, was Alex fühlte. Selbst während sie mit der Großmutter den Weihnachtsmann ausstaffiert hatte, waren ihre Gedanken ununterbrochen bei Amber gewesen. »Soll ich zu ihr gehen?«

»Würdest du das tun, Mandy? Du bist der einzige Mensch, mit dem Alex im Moment sprechen möchte. Ich fürchte, sie sieht in dir so etwas wie eine Heldin!« Mrs. Hastings lächelte traurig und führte Mandy und James durch den Flur.

James blieb in der Küche, während Mandy auf Zehenspitzen in Alex' stilles Zimmer schlich. Die Vorhänge waren zugezogen und nur eine schwache Lampe brannte. Von den Postern an den Wänden rundum schienen die Tiere auf das kleine kranke Mädchen herabzustarren, das regungslos im Bett lag.

»Hallo, Alex.« Mandy setzte sich dicht neben sie. Auf dem Nachttisch stand neben einem ungeöffneten Buch ein Glas Wasser.

Alex wandte den Kopf. »Hallo, Mandy.« Ihre Stimme war nur ein Flüstern. »Weißt du, ich glaube nicht, dass der Weihnachtsmann meinen Brief gelesen hat.«

»Warum nicht?« Mandy begriff nun, warum Mr. und Mrs. Hastings darauf bestanden, dass Alex absolute Ruhe hatte. Die Aufregung hatte ihr die gesamte Kraft geraubt. Leichenblass lag sie da.

»Ich habe ihm geschrieben, dass ich mir ein Halsband für Amber wünsche.«

»Noch ist nicht aller Tage Abend.« Mandy versuchte fröhlich zu klingen. »Vielleicht bekommst du dein Halsband. Denk daran, dass der Weihnachtsmann seine Geschenke noch nicht gebracht hat!«

Alex' Augen füllten sich mit Tränen. »Aber wenn er meinen Brief bekommen hätte, wüsste er, dass ich ein Kätzchen habe. Und dann hätte er nicht zugelassen, dass Amber fortläuft, oder?«

»Ich glaube, selbst der Weihnachtsmann kann

nichts dagegen tun, dass ein Kätzchen fortläuft«, sagte Mandy sanft.

»Aber er weiß doch alles! Er weiß, was wir uns alle zu Weihnachten wünschen. Er kann sogar mit seinem Rentier durch die Luft fliegen. Er muss von Amber wissen!«

Mandy nickte. »Ja, vielleicht.«

Plötzlich hatte Alex eine Idee. Sie wischte sich die Augen und schaute Mandy an. »Ja, und vielleicht passt er für mich auf Amber auf. Vielleicht ist sie im Moment dort – beim Weihnachtsmann!«

»Das hoffe ich«, flüsterte Mandy. Dann kam Mrs. Hastings ins Zimmer, um Alex ihre Medizin zu geben. Mandy schlich sich hinaus und ging zu James in die Küche.

Einige Minuten später kam auch Mrs. Hastings nach. »Alex schläft jetzt«, sagte sie. »Die Aufregung ist eine zusätzliche Belastung für ihr Herz. Ihre Kräfte reichen dafür nicht aus.« Nun war es an Alex' Mutter, eine Träne fortzuwischen.

»Wir beginnen am besten mit der Suche«, schlug James vor. Sie gingen nach draußen auf die Veranda.

»Ich denke mit Schrecken daran, was passiert, wenn wir das Kätzchen nicht finden.« Mrs. Hastings betrachtete noch einmal eingehend den zertrampelten Rasen. »Wir haben das Grundstück immer wieder abgesucht, aber nicht den geringsten Hinweis gefunden.«

»Ich dachte, wir würden vielleicht Spuren im Schnee finden«, pflichtete James ihr bei. »Aber selbst wenn gestern Abend eine Spur da war, ist sie inzwischen zertreten worden.«

»Ich habe gestern alles gründlich abgesucht«, erwiderte Mandy. »Und ich habe nichts gefunden. William und ich haben sogar auf der Straße geschaut.« Sie warf einen Blick zum Haus und sah das kleine blasse Gesicht und die roten Haare von Alex' Bruder, der sie durch das Fenster hindurch ernst anstarrte.

James blickte prüfend die Buche an, auf der Amber zuletzt gesehen worden war. Dann ging er zur Straße, die zu dieser Zeit des Tages ruhig war. Er stand unter den überhängenden Ästen und schaute empor, während er sich das Haar aus der Stirn strich. »Wer hat Amber dort oben gesehen?«

»Lass mich überlegen. Ich, Ma, Mr. Hastings und die beiden Männer vom Tierschutzverein.«

»Und die Leute, die vorbeigefahren sind«, überlegte James. »Wenn Amber auf dieser Seite den Baum herunterklettern konnte und dann fortgelaufen ist, hat sie möglicherweise ein Autofahrer gesehen.«

Mandy nickte. »Aber wie finden wir das heraus?«

»Wir könnten im Dorf herumfragen. Es werden eine Menge Leute unterwegs sein, um letzte Einkäufe zu machen. Es ist jedenfalls einen Versuch wert.«

Auch Mrs. Hastings fand den Vorschlag gut. »Ihr beide geht ins Dorf und erkundigt euch. Ich mache in der Zwischenzeit ein paar Plakate, dass wir ein Kätzchen vermissen. Die können wir dann an Bäumen und Zaunpfosten aufhängen. Alex und William können mir dabei helfen.« Sie schien froh, etwas zu tun zu haben.

Und so gingen Mandy und James ins Dorf. Sie fragten in der Poststelle und im Wirtshaus. Sie trafen James' Vater, der auf dem Dorfplatz mit Mrs. Collins sprach. Sie gingen zu Ernie Bell und Walter Pickard.

»Tom ist wieder putzmunter!«, rief Mr. Pickard. »Ganz der Alte und tyrannisch wie immer!«

Mandy und James sprachen mit allen, denen sie begegneten. Amber, das Kätzchen der Hastings, war verschwunden. Hatte jemand ein streunendes dreifarbiges Kätzchen mit leuchtend blauen Augen gesehen? Doch jedes Mal kam die Antwort: »Nein, tut mir Leid. Aber ich werde die Augen offen halten!« Selbst Leute, die sich erinnerten zur fraglichen Zeit an dem Haus vorbeigefahren zu sein, hatten nichts gesehen.

Sie fragten die Parker Smythes und Sam Western und auch David Gill, den Bauern vom Steinhof. Alle versprachen, ihr Bestes zu tun, schüttelten aber den Kopf, als wollten sie sagen: »Welche Chance hat eine kleine Katze zu dieser Jahreszeit draußen in der Eiseskälte?«

Bis zum Mittag hatten Mandy und James alles getan, was möglich war. Sie kehrten um und kamen am

Dorfplatz vorbei, wo Julian Hardy, der Wirt des Gasthauses, große Lichterketten aufhängte. »Seid ihr bereit für den Weihnachtsmann?«, fragte er. »Wie ich höre, läuft alles wie geplant.«

Mandy nickte. Ihre Beine schmerzten, denn es war mühsam, durch den Schnee zu stapfen. Und bisher war es völlig umsonst gewesen. Sie waren keinen Schritt weitergekommen. Daher vergaß sie vollkommen Mr. Hardy zu sagen, dass Don und Dasher wieder zurück waren.

»Meine Frau bäckt gerade Pastetchen und John hat bunte Kerzen für die Kinder gemacht. Der Pastor bringt ein Tonband mit Weihnachtsliedern und ich stelle Lautsprecher auf, damit wir mitsingen können.«

Alle taten, was in ihrer Macht stand, um Alex die lebensrettende Reise nach Amerika möglich zu machen. Mandy und James schauten eine Weile zu, dann gingen sie weiter, tief in Gedanken versunken. »Weißt du was?«, sagte Mandy. »Ich glaube, wenn wir Amber nicht finden, wird Alex nicht fahren!«

»Nach Amerika, zu ihrer Operation?« James begann zu begreifen, wie wichtig das verschwundene Kätzchen war. »Du meinst, sie ist einfach zu durcheinander?«

Mandy seufzte und nickte. »Und zu krank, um zu reisen. Komm, lass uns besser zu ihr gehen.«

»Wenn ich bloß etwas gesehen hätte.« James ging

mit großen Schritten neben ihr her. »Don und ich sind gestern genau um diese Zeit auf dem Rückweg von Leeds die Straße entlanggekommen.«

»Genau wie hundert andere Autos.« Mandy beschlich langsam das Gefühl, dass sie die berühmte Nadel im Heuhaufen suchten.

»Na, so wie es aussieht, versucht William nun doch noch zu helfen.« James hatte den Jungen im Garten entdeckt.

William kletterte auf die Mauer und schaute ihnen entgegen. Als sie näher kamen, sprang er zu Boden und lief auf sie zu. »Alex ist noch kränker geworden! Mama hat die Ärztin gerufen.« Seine Augen waren weit aufgerissen und angsterfüllt. »Habt ihr das Kätzchen gefunden?«

Als sie die Auffahrt hinaufblickten, sahen sie ein rotes Auto. Die Haustür stand offen und eine große Frau mit einer dunklen Tasche trat heraus. Dann blieb sie stehen und sprach ernst mit Mrs. Hastings. Kaum hatte William sie gesehen, duckte er sich hinter die Mauer. »Das ist sie«, sagte er zu Mandy und James. »Das ist die Ärztin!«

Sie warteten, bis die Frau in ihr Auto gestiegen und die Auffahrt hinunter davongefahren war. Nun zitterte William am ganzen Leib.

»Ich hab nicht gewollt, dass sie krank wird!« Er schlotterte und kämpfte mit den Tränen, aber er weigerte sich auch nur einen Schritt näher zum Haus zu

gehen. Die Eingangstür war geschlossen und das Haus merkwürdig still.

»So wie du niemals gewollt hast, dass sich Amber im Schnee verirrt?«, fragte Mandy leise.

James trat erstaunt einen Schritt zurück. William ließ den Kopf hängen. »Ich wollte nur, dass sie eine Weile auf dem Dach bleibt. Ich wusste nicht, dass sie nicht wieder herunterkommt.« Stammelnd erzählte er, wie sein Plan fehlgeschlagen war.

»Willst du damit sagen, *du* hast Amber auf das Dach gesetzt?«, sagte James verblüfft.

Mandy nickte. »Das dachte ich mir. Also dann mal raus damit.« Ihr war klar, dass gleich die ganze Geschichte aus William heraussprudeln würde.

»Ja, aber ich dachte, ich könnte sie wieder herunterholen. Alle hätten nach ihr gesucht und ich wäre derjenige gewesen, der sie rettet, versteht ihr?«

»Aber das hat nicht geklappt.« Statt das Kätzchen zu retten und der Held zu sein, hatte William zusehen müssen, wie Amber das Dach hinaufkletterte, bis sie außer Reichweite war. Und dann hatte sie sich vor Angst nicht mehr von der Stelle gerührt und hatte mit einbrechender Dunkelheit immer mehr gefroren. »Warum hast du das niemandem gesagt?«

»Ich hatte Angst«, heulte William. »Ich dachte, dass Amber wegen mir sterben muss.« Tränen quollen aus seinen Augen und kullerten seine Wangen hinab.

»Hör zu, das vergessen wir jetzt mal.« James wusste, dass Tränen nichts änderten. »Immerhin wissen wir jetzt, wie es passiert ist.«

Mandy fragte sich, wie James so freundlich sein konnte. Ihr fiel es schwer, William zu verzeihen. Aber der kleine Junge sah unglücklich aus, als ihm klar wurde, was er getan hatte, und Mandy fiel ein, was ihre Mutter gesagt hatte: William fühlte sich ausgeschlossen. Er war ein einsamer kleiner Junge, der wusste, dass er etwas Unrechtes getan hatte. »Wir werden dich nicht verraten«, flüsterte sie. »Jetzt hör auf zu weinen und hilf uns Amber zu finden!«

William schniefte und trocknete sich mit dem Ärmel die Augen. »Ich will nicht hineingehen«, bat er flehentlich.

»Okay.« James versuchte praktisch zu denken. »Dann suchen wir eben draußen.«

»Schon wieder!« Mandy stand am Tor, die Hände in die Hüften gestemmt. Es machte sie fast rasend, wenn sie daran dachte, wie oft sie das Grundstück seit Ambers Verschwinden abgesucht hatten.

Aber William schüttelte den Kopf. »Nein!« Als James ihn zu überreden versuchte, in den Garten zu kommen, wich er zurück.

»Warum nicht? Beim Suchen könntest du uns ja wenigstens helfen!« Zum ersten Mal klang James ärgerlich.

»Ich kann nicht. Und außerdem hat es sowieso keinen Zweck!«

Mandy wandte sich um. »Warte, James. Was ist los, William?« Da steckte doch irgendetwas dahinter.

»Amber ist nicht hier.«

»Wieso nicht? Hast du gesehen, was passiert ist?«

William nickte langsam. »Ich habe aus dem Fenster gesehen. Sie war auf dem Baum. Alle kamen mit Leitern und Taschenlampen, aber ich wusste, dass es keinen Zweck hat.«

»Warum nicht? Was hast du gesehen?« Am liebsten hätte Mandy die Wahrheit aus ihm herausgeschüttelt, aber sie zwang sich ruhig zu bleiben.

William stand am Straßenrand und zeigte zum Baum hinauf. »Da auf dem Ast hat sie gesessen. Ich habe gerufen, aber ihr habt mich nicht gehört, weil es zu laut war.« Er schwieg lange. »Amber ist heruntergefallen«, sagte er schließlich.

»Wohin? Auf die Straße?« James drängte ihn weiterzusprechen, während Mandy den Atem anhielt.

»Nein. Sie ist auf so eine Art Laster gefallen. Ich habe gesehen, wie sie vom Ast abgerutscht ist. Im nächsten Moment ist der Laster am Tor vorbeigefahren und Amber hat sich auf dem Autodach festgeklammert.«

»Und sie hat gelebt?«, flüsterte Mandy.

William nickte. »Der Laster fuhr weiter. Ich konnte ihn nicht anhalten.«

James war in Gedanken schon woanders. Mandy fühlte sich wie gelähmt, aber überglücklich, dass Amber den Sturz überlebt hatte.

»Was war das für ein Laster?«, fragte James.

»Er war grau. Eine Art Transporter.«

James starrte ihn an. »Was für ein Wagen hat den Transporter gezogen?«

Mandy packte James am Arm, während sie atemlos auf die Antwort wartete.

»Ein großer Lieferwagen, schmutzig weiß. Es lag Schnee darauf. Ich habe ihn vorher noch nie gesehen.«

Sie schluckten. »Don!«, sagten sie wie aus einem Mund.

»Der Rentiertransporter!« In diesem Moment hätte Mandy William umarmen können. Das war es, was sie wissen mussten. »Amber ist auf ihn gefallen!«

»Sieht ganz so aus«, sagte James leise. »Das Kätzchen muss mit Don und mir nach Hause gefahren sein!«

»Zur ›Arche‹!«, rief Mandy. »Oh, James, Alex hatte Recht. Der Weihnachtsmann hat die ganze Zeit auf Amber aufgepasst!«

8. Kapitel

»William hat gesehen, was mit Amber passiert ist!«, sagte Mandy zu Mrs. Hastings. Sie war so aufgeregt, dass sie kaum sprechen konnte. »Zumindest haben wir jetzt eine Spur, die wir verfolgen können!«

Mrs. Hastings wollte Alex sofort die Neuigkeiten berichten. »Ich werde ihr noch keine zu großen Hoffnungen machen«, sagte sie. »Aber zumindest kann ich sie vielleicht etwas aufmuntern.«

»Aber wir haben Hoffnung!«, sagte James flüsternd zu Mandy, als sie schnellen Schrittes die Straße hinunter in Richtung »Arche« gingen.

Als Mandy und James bei der »Arche« ankamen, befand sich der Rentiertransporter im Hof. Seine Türen standen offen und die Rampe war heruntergelassen. Sie rannten polternd die Rampe hoch, wobei sie fast übereinander stolperten.

Doch rasch begriffen sie, dass der dunkle Transporter leer war. Mandy hatte so sehr gehofft, dass es einfach werden würde. Sie hatte gehofft, dass sich Amber auf dem Dach des Transportanhängers festgeklammert, sich während der Heimfahrt im Innern in Sicherheit gebracht – und die Nacht im warmen Stroh geschlafen hatte. Doch der Transporter war leer. Nirgends ein Kätzchen, ja nicht einmal Stroh.

»Don muss ihn sauber gemacht haben«, sagte James mit ausdrucksloser Stimme.

»Lass uns ganz sichergehen.« Mandy schaute sich noch einmal um, dann trat sie hinaus und zog sich an einem Vorsprung empor, um auf das Dach zu schauen. Auch dort war kein Kätzchen, dafür entdeckte sie etwas anderes. »James, sieh dir das an!«

James kam zu ihr herüber. Zusammen spähten sie auf das verschneite Dach des Transporters.

»Sieh mal dort.« Sie zeigte mit dem Finger auf etwas.

In dem tiefen Schnee war eine gefrorene Fußspur zu sehen, die von einer Delle fortführte. »Was meinst du?«, sagte James. »Ob Amber dort aufgekommen ist?«

»Ja. Und dann ist sie zum hinteren Rand gekrochen.«

»Na, dann wissen wir zumindest, dass William die Wahrheit gesagt hat«, stellte James fest. »Das heißt aber nicht, dass Amber den ganzen Weg bis hierher auf dem Dach geblieben ist.« Er sprang zu Boden und überlegte, was sie als Nächstes tun sollten.

»Wir wollen Don fragen, ob er etwas gesehen hat«, sagte Mandy. Sie hatte ihn im Gehege bei den beiden Rentieren entdeckt. »Don!«

Er winkte, als sie zu ihm hinüberrannten.

»Don, haben Sie gerade dem Transporter ausgemistet?«

»So ist es.« Er summte fröhlich, während er damit beschäftigt war, Rudolph für den großen Abend herzurichten. Dasher knabberte an einer Portion Zuckerrüben.

»Haben Sie dabei etwas gesehen?«, rief Mandy. Wieder sprudelten die Worte aus ihr heraus. »Zum Beispiel ein Kätzchen?«

»Brrr, nun mal langsam!« Lachfalten legten sich um Dons Augen. Mandy hüpfte von einem Fuß auf den anderen und nun kam auch James angerannt. Rudolph schnaubte und stupste Dons Hand. »He, immer sachte, Rudi. Ich habe dich nicht vergessen!«

»Eine schwarz-weiß-rote Glückskatze mit blauen Augen!« Mandy gab dem verdutzten Don eine genaue Beschreibung.

»Ja, so eine habe ich zufällig gesehen.«

»Oh!« Mandy klatschte in die Hände. »Oh, Don, wo ist sie? Was haben Sie mit ihr gemacht?«

»Tja, gar nichts habe ich mit ihr gemacht.« Er kratzte sich am Kopf. »Ich bin in den Transporter gekommen und da lag sie zusammengerollt im Stroh, richtig behaglich. Freches kleines Ding.«

»Sie haben sie doch nicht fortgejagt?«, fragte James bange.

»Aber wo denkst du hin? Es war jammerschade, sie stören zu müssen. Sie hatte einen so großartigen Platz für ein kleines Nickerchen gefunden. Nein, ich ging, um ihr eine Schale Milch zu holen, aber ist das nicht typisch? Kaum hatte ich ihr den Rücken gekehrt, rannte sie fort.« Er zuckte die Achseln und begann wieder Rudolphs dickes Fell zu bürsten. »So eine freche kleine Katze.«

Mandy starrte ihn an. »Sie ist weggelaufen?«, sagte sie stockend.

»Ja. Aber keine Sorge. Kätzchen laufen nie weit von zu Hause fort. Du wirst sie bald wieder sicher und wohlbehalten zurückbekommen.«

»Nein«, warf James ein. »Amber ist nicht Mandys Katze. Sie wohnt nicht hier in der ›Arche‹.«

»Aber ihr sagtet doch, dass ihr sie sucht?« Don richtete sich auf und runzelte die Stirn.

»Für jemand anderen«, erklärte James. »Haben Sie gesehen, in welche Richtung sie gelaufen ist?« Natürlich konnte Don nicht wissen, wie wichtig das war.

Sie waren so nahe daran gewesen, Amber zu finden, und doch hatten sie sie wieder verloren.

Don seufzte. »Tut mir Leid. Sie hat sich hinter meinem Rücken davongeschlichen und ich habe einfach mit der üblichen Arbeit weitergemacht und ausgemistet. An die kleine Katze habe ich nicht mehr gedacht.«

Mandy verbarg ihre Enttäuschung. »Macht nichts. Danke, Don.«

»Ach, mir scheint, dass ich euch enttäuscht habe«, sagte Don entschuldigend.

»Nein.« Mandy gelang es zu lächeln. »Zumindest wissen wir jetzt, dass Amber hier war.«

»Wie lange ist das her?« James sammelte sämtliche Informationen, die er bekommen konnte.

»Eine halbe Stunde. Vielleicht etwas mehr.«

Mandy nickte James zu. »Dann kann sie noch nicht weit gekommen sein!«, sagte sie, während sie ihr Kinn reckte und über den Hof schaute. Die Jagd auf Amber hatte begonnen.

In dem kleinen Dorf Welford verbreitete sich die Neuigkeit von dem vermissten Kätzchen in Windeseile.

»Die kleine Alex Hastings ist krank vor Angst, das arme Kind!« Mrs. Ponsonby erzählte es herum. Sie hatte es von Emily Hope erfahren, als sie mit der schniefenden Pandora in die Tierklinik gekommen war. Sie berichtete Mrs. McFarlane, dass das Kätzchen noch am Leben war. »Ist das nicht wundervoll? Und wäre es nicht das schönste Weihnachtsgeschenk der Welt, wenn wir alle mithelfen würden es zu finden?« Trotz ihrer herrischen Art hatte Mrs. Ponsonby ein gutes Herz und organisierte nun einen Suchtrupp.

»Ich hab ja auch sonst nichts zu tun.« Ernie Bell verbarg seine Hilfsbereitschaft hinter einer rauen Schale. Er holte eine Schaufel aus seinem Gartenschuppen und machte sich auf den Weg zur »Arche«, bereit sich durch Schneewehen zu graben und sein Bestes zu geben.

Walter Pickard wollte da nicht zurückstehen und begleitete ihn. »Wir können nicht zulassen, dass das kleine Mädchen deswegen noch kränker wird, oder?«

Und John Hardy, der ernste, besonnene Sohn des Wirtes, machte sich zusammen mit Susan Collins auf den Weg. Selbst Brandon Gill, der schüchterne Junge vom Steinhof, hatte von Amber gehört und stapfte nun über die verschneiten Wiesen zu Mandys Haus. Bald waren ein Dutzend junge und alte Leute zusammengekommen, um James und Mandy bei der Suche nach Amber zu helfen.

»Wir müssen in verschiedene Richtungen ausschwärmen!« Mrs. Ponsonby trug einen leuchtend rosa Anorak mit einem weißen Webpelzbesatz. Sie hatte alles genau geplant. »Da Mandy und James das Haus gründlich durchsucht haben, können wir davon ausgehen, dass das Kätzchen weiter fortgelaufen ist. Wir werden nun paarweise die ganze Straße sorgfältig durchkämmen. Na dann, Mandy, gib uns eine genaue Beschreibung.« Sie klatschte kurz in die Hände. »Alle aufgepasst, bitte!«

Mandy errötete, als sie die Helfer unterrichtete. »Amber ist eine dreifarbige Glückskatze mit blauen Augen. Sie ist fünf Monate alt.« Noch während sie sprach, wurde Mandy klar, dass sich die wenigen Stunden Tageslicht bald ihrem Ende zuneigten. Sie mussten so rasch wie möglich mit der Suche beginnen.

Mrs. Ponsonby übernahm die Aufteilung der Helfer. »Walter, Sie kommen mit mir«, sagte sie zu Mr. Pickard, nachdem sie alle anderen fortgeschickt hatte.

Mandy zog die Augenbrauen hoch und James seufzte erleichtert. Walter hatte keine Chance zu widersprechen.

»Dann los, Mandy. Du und James, ihr geht zum Haus Flieder. Stellt fest, ob deine Großeltern irgendetwas gesehen oder gehört haben!« Damit wollte Mrs. Ponsonby sagen, dass die beiden Zeit vertrödelten.

Sie stürzten davon und überließen Mr. Pickard dem Kommando von Mrs. Ponsonby. Sie kamen an

Brandon und Susan vorbei, die den Auftrag hatten, auf der Wiese gegenüber der Tierklinik zu suchen.

»Hier!«, rief Susan plötzlich aufgeregt. Sie zeigte auf eine Fährte, die direkt über die Wiese führte. »Fußspuren!«

James und Mandy sprangen über den Graben und spähten über die Mauer.

Brandon blieb stehen, um die Spuren in Augenschein zu nehmen. Dann schüttelte er den Kopf. »Ein Fuchs«, sagte er ruhig.

»Oh, Brandon, bist du sicher?« Susan klang enttäuscht. Sie hielt an ihrer Entdeckung fest. »Ich finde, sie sehen wie Katzenspuren aus!«

»Das war ein Fuchs«, sagte Brandon unnachgiebig. »Für ein Kätzchen sind sie zu tief.«

Susan seufzte und gab nach. Mandy und James sprangen wieder auf die Straße und gingen weiter. Der Schnee türmte sich immer noch hübsch auf allen Mauern und Toren und drückte die dunklen Äste der Bäume herunter. Alles sah so idyllisch aus wie auf einer Weihnachtskarte. Bevor sie das Haus Flieder erreichten, kamen Mandy und James auch an Ernie Bell, John Hardy und Mr. Hastings vorbei. Als Mr. Hastings von den Neuigkeiten erfahren hatte, war er sofort von der Arbeit herbeigeeilt. »Danke, ihr beiden!« Er rief ihnen nach. »Ihr wisst gar nicht, wie dankbar wir euch sind!«

»Bedanken Sie sich später!«, rief Mandy zurück.

»Wenn wir Amber gefunden haben!«, fügte James hinzu.

Beim Haus Flieder stand der Großvater am Tor und hielt es ihnen auf. »Kommt herein. Deine Großmutter und ich haben schon alles gründlich abgesucht, Mandy, aber bisher leider ohne Erfolg.«

Es war das alte Lied. Jeder tat sein Bestes, aber es führte zu nichts.

»Das Kätzchen versteht sich offenbar gut darauf, zu verschwinden!« Die Großmutter befand sich im Vorgarten und schaute unter Bänke und hinter kahle Spaliere, an denen im Sommer Rosen wuchsen.

»Das arme Ding. Was muss das für eine große kalte Welt für Amber sein.« Der Großvater stellte sie sich im Geiste verängstigt und einsam vor. Das spornte James und Mandy an, noch konzentrierter zu suchen.

»Hier ist etwas, Mandy!«, rief James endlich. Sein warmer Atem verwandelte sich in Dampfwolken, während er vorsichtig Mr. Hopes Gemüsegarten auf der Rückseite des Hauses durchquerte. »Komm her und schau!«

Mandy bahnte sich behutsam ihren Weg zwischen geheimnisvollen weißen Höckern und Hügeln hindurch. Unter dem Schnee befanden sich Großvaters kostbare Rhabarberpflanzen und Obststräucher. Mandys Spuren waren die ersten, die die jungfräuliche Oberfläche des glatten Schnees zerstörten.

James kauerte neben der runden Regentonne am Ende des Gartens. Die Tonne war mit einer dicken Schicht Eis überzogen, doch James' Interesse galt dem Boden hinter der Tonne. Dort führte eine wunderschöne, deutliche Fährte von der Gartengrenze in Richtung Haus!

»Was meinst du?«, fragte er leise. »War das ein Fuchs?«

»Ganz sicher nicht. Nicht so nahe beim Haus.« Mandy folgte der Spur, um festzustellen, wo sie hinführte. »Davon abgesehen sind die Abdrücke für einen Fuchs zu klein.«

Aufgeregt verfolgten Mandy und James die Spur. Zwischendurch verloren sie die Fährte, dann fanden sie sie wieder. Die Spuren führten an der Terrasse entlang direkt zu den Glasschiebetüren.

Mandy wandte sich zu James um. »Und jetzt?«

Er schüttelte den Kopf. »Sieht so aus, als wäre sie hineingegangen.«

»Aber wer sollte sie hereingelassen haben? Oma und Opa hätten es uns gesagt.« Zweifel keimten in Mandy auf. Zweifel, die sie nicht zugeben wollte.

James drückte sein Gesicht an die Scheibe und spähte ins Haus. »Oh, Mandy...«, sagte er dumpf.

Sie zwang sich ins Zimmer zu schauen. Bitte, lass

Amber dort sein, betete sie. Aber da saß nur auf seinem Lieblingssessel friedlich der schlanke, graue Smoky, der geliebte Kater der Großeltern, und putzte sich sorgfältig hinter den Ohren.

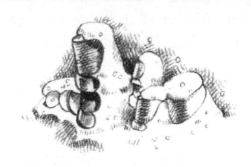

9. Kapitel

Smoky sah zwei überraschte Gesichter, die ihn anstarrten. Er öffnete sein Maul und gähnte ausgiebig. Dann stand er schläfrig auf und machte einen Buckel.

Zum ersten Mal freute sich Mandy nicht, ihn zu sehen. Vielmehr war sie zutiefst enttäuscht. Als Smoky von seinem Stuhl sprang und mit erhobenem Schwanz auf leisen Pfoten über den Teppich auf sie zukam, um sie zu begrüßen, wandte sie sich ab.

»He, warte einen Moment...« James kaute auf seiner Lippe. »Vielleicht kann Smoky uns helfen!«

Wie sollte das möglich sein? Mandy stand auf der Terrasse und versuchte die jüngste Enttäuschung zu überwinden. Der schneebedeckte Garten des Großvaters mit seinen kahlen Apfelbäumen und dem leeren Gewächshaus wirkte ebenso freudlos, wie sie sich fühlte. Würden sie Amber jemals finden?

»Hör zu, Mandy!«, beharrte James. »Das ist Smokys Revier. Er glaubt, dass der Garten ihm gehört.«

»Das stimmt«, räumte sie ein. »Er bewacht ihn.«

»Genau wie Eric unseren Garten zu Hause bewacht. Dabei benutzt er in seinem Revier eine Art Netz aus Wegen, wie den beim Zaun.« James wusste, dass vor allem Kater darauf bedacht waren, Eindringlinge fern zu halten.

Mandy begann zu verstehen, worauf er hinauswollte. »Wenn sich hier also irgendeine andere Katze aufhält, würde Smoky sie bald vertreiben.«

»Genau!«, sagte James. Durch die Glastür starrte er Smoky an, der lautlos miaute, weil er hinausgelassen werden wollte.

»Du meinst, wenn Amber hier irgendwo ist, würde Smoky sie bald entdecken?«

James nickte. Die Augen hinter seiner runden Brille waren vor Aufregung geweitet. »Was meinst du dazu?«

»Es ist jedenfalls einen Versuch wert!« Entschlossen packte Mandy den Griff und schob die Tür auf, um Smoky herauszulassen. »Na komm, Smoky. Sei brav.« Sie hielt inne, um ihn zu streicheln, während er ihr um die Beine strich. Dann lief er in den Schnee hinaus. Er hob eine Vorderpfote und schüttelte sie.

James schob die Tür hinter ihm zu. »Nur für den Fall, dass er doch lieber wieder ins warme Haus zurück möchte!«, flüsterte er.

Smoky hob den Kopf und sah sich in der seltsamen weißen Welt um. Seine Ohren zuckten, während er mit den Augen einen Spatz verfolgte, der von Großvaters Zaun zum Apfelbaum flog. Er schlug mit dem Schwanz und miaute.

Mandy und James hielten den Atem an. Sie beobachteten, wie sich Smoky an den Baum heranpirschte. Er kauerte sich neben den knorrigen Stamm und starrte zu dem Spatz empor. Der Vogel hüpfte über ihm in den Zweigen und zwitscherte. Als Smoky den Stamm hochsprang und seine Krallen in die Rinde grub, flatterte der Vogel auf und flog davon. Enttäuscht sprang Smoky wieder zu Boden.

Wenn Katzen Vögel jagen, sind sie wie Tiger, dachte Mandy. Oder wie Jaguare, die durch den Dschungel schleichen. Smoky duckte sich auf den Boden, das Hinterteil in die Höhe gestreckt. Sein Schwanz schlug hin und her.

»Was hat er jetzt wohl gesehen?«, flüsterte James. Sie wagten es nicht, sich zu bewegen, während Smoky sein Revier absuchte und dann zwischen den Reihen schneebedeckter Gemüsepflanzen den Garten hinunterschlich.

»Pst!« Mandy folgte der Katze leise. Smoky hatte eine Fährte aufgenommen. Er lief auf leisen Pfoten um die Regentonne, ging weiter in Richtung Zaun, schnupperte wieder und kehrte dann auf dem gleichen Weg zurück. Rasch lief er auf das Gewächshaus zu. Bei einem Stoß halb vom Schnee begrabener, umgedrehter Blumentöpfe blieb er stehen und fauchte.

Mandy und James hörten einen leisen Laut. Es war ein schwaches angstvolles Miauen. Smokys Nackenfell sträubte sich, während er einen Buckel machte und jaulte. So rasch ihre Beine sie trugen, rannten Mandy und James zum Gewächshaus.

Sie erwarteten Amber zusammengekauert in einer Ecke zu finden, doch als sie ankamen, war da nur Smoky. Er fauchte und knurrte. Seine Nackenhaare standen in die Höhe.

»Lass uns im Gewächshaus nachschauen!« Mandy stürzte zur Tür, riss sie auf und starrte ins Innere. Leere Regale, leere Töpfe und Pflanzschalen. Aber nirgends ein Kätzchen.

»Hier draußen!« James horchte wieder und folgte dem schwachen Miauen bis zu einer Reihe umgedrehter Töpfe. Einige waren umgefallen und lagen in einem Durcheinander hinter dem Gewächshaus. Es waren schwere Tontöpfe, groß genug, um für ein Kätzchen zur Falle zu werden...

Mandy eilte James zu Hilfe. Das schwache Miauen wurde lauter. Smoky zog sich zurück. Er witterte Gefahr und schlich zum Rand des Gemüsebeetes, wo er sich knurrend niederkauerte.

»Sie muss unter einem dieser Töpfe stecken!« James versuchte seinen Arm in den schmalen Spalt zwischen Gewächshaus und Zaun zu stecken. Dabei verlor er das Gleichgewicht und fiel gegen das Glas. Das ganze Gewächshaus wankte, aber keine Scheibe zerbrach. Stattdessen war das Geräusch von schwerem rutschendem Schnee zu hören, der eine glatte geneigte Fläche herabglitt.

Mandy schaute zum Dach des Gewächshauses hoch. Über dem Rand hing ein Schneebrett – schwerer Schnee, direkt über James' Kopf. »Vorsicht!« Sie stürzte zu ihm und riss ihn zur Seite.

Es war Rettung in letzter Sekunde. Der Schnee hatte sich das Dach hinuntergeschoben, blieb eine Sekunde hängen und krachte dann mit einem schauerlichen Knall zu Boden. Er begrub das Kätzchen unter sich und erstickte seine Schreie.

Die Großeltern kamen aus dem Vorgarten herbeigeeilt. »Was war das?« Der Großvater hatte den Lärm gehört. Bestürzt starrte er auf den großen Schneehaufen.

»Schnell!«, rief Mandy. »Amber ist darunter! Wir haben sie gehört und dann ist der Schnee auf sie gestürzt. Wir brauchen einen Spaten, um sie auszugraben!«

Wie der Blitz lief der Großvater zum Gartenschuppen. Die Großmutter eilte ins Haus, um die Feuerschaufel zu holen. In der Zwischenzeit begannen Mandy und James kniend den Schnee wegzuschaufeln. Von Smoky war weit und breit keine Spur. Als der Schnee herabgepoltert war, hatte er die Flucht ergriffen.

Mandy grub mit bloßen Händen. »Und wenn sie zerquetscht worden ist?« Der etwa einen Meter hohe Schnee war schwer und lag zusammengepresst in dem Spalt zwischen Zaun und Gewächshaus.

»Denk nicht an so etwas.« James wühlte im Schnee.

Kurz darauf kam der Großvater mit seinem Spaten zurück. »Versuch es damit!« Er reichte ihn über James' Kopf hinweg Mandy. Sie begann zu graben.

»Sei vorsichtig!«, mahnte die Großmutter. Sie gab James die kleinere Schaufel. Er grub ein Loch am Fuß des Haufens, um von der Seite vorzudringen.

Endlich stieß Mandys Spaten auf etwas Hartes. Sie kratzte den Schnee weg und legte einen zerbrochenen Topf frei, der unter den Schneemassen umgekippt war. Vorsichtig grub sie ihn aus und zog ihn heraus.

»Was ist darunter?« Der Großvater reckte den Hals, um besser sehen zu können.

»Noch mehr Töpfe.« Mandy legte den Spaten beiseite und begann wieder mit den Händen zu graben, während James seinen Tunnel am Fuß des Haufens vorantrieb.

»Wir brauchen einen Luftschacht, damit Amber

atmen kann!«, keuchte James. Sein Gesicht war rot vor Anstrengung.

»Vielleicht ist sie unter einem Topf begraben und sitzt in einer Luftblase«, flüsterte die Großmutter.

»Hoffentlich hast du Recht«, murmelte der Großvater.

Mandy zog einen zweiten Topf aus dem Schneehaufen. Er war in zwei Teile zerbrochen. Tief unter dem Schnee glaubte sie ein schwaches Miauen zu hören. Ihr Herz machte einen Satz. »Habt ihr das gehört?« In heller Aufregung grub sie sich immer tiefer in den Schnee.

James hielt inne und lauschte. »Ja, jetzt habe ich es auch gehört!«

»Sei bloß vorsichtig, Mandy!«, wiederholte die Großmutter. Jeden Moment konnten die Schneemassen über dem Kätzchen zusammenbrechen und es erdrücken.

Wieder zog Mandy Topfscherben heraus. Der Schnee geriet in Bewegung und rutschte. Sie hielt inne, atmete tief und begann von Neuem. Diesmal beförderte sie einen ganzen Blumentopf ans Tageslicht, dann einen zweiten.

Die Schreie wurden lauter, heftiger: *Miau… miau… miau!*

Mandy kratzte Schnee weg und legte einen weiteren Topf frei. Er stand auf dem Kopf und sah aus wie ein Teil einer riesigen Burg aus Schnee. Mandy grub behutsam weiter. Der Topf schwankte und kam wieder ins Gleichgewicht. Das Kätzchen wimmerte, dann war es still.

»Fertig?« Mandy holte tief Luft. Sie packte den Topf mit beiden Händen. Ihre Finger waren steif gefroren und ihre Arme zitterten. Zentimeter für Zentimeter hob sie den Blumentopf an, damit der umliegende Schnee nicht nachrutschte. Und da hockte, zu einem struppigen Ball zusammengekauert, Amber und starrte mit ihren blauen Augen zu ihnen empor!

Die Neuigkeit verbreitete sich wie ein Lauffeuer die Straße hinunter: Mandy und James hatten das Kätzchen gefunden. Ernie Bell, Brandon, Susan und Mr. Hastings kamen zum Haus Flieder geeilt. Mrs. Ponsonby lief ins Dorf, um die frohe Botschaft zu verkünden. Walter Pickard rief in der »Arche« an, um die Hopes zu unterrichten. Bald wussten alle Bescheid.

Inzwischen hatte Mandy Amber ins Haus getragen. Sie bat ihre Großmutter um ein Handtuch und begann das Kätzchen trockenzureiben. Amber zitterte und kuschelte sich in das Handtuch, wobei sie leise miaute.

»Wie wäre es mit einer Wärmflasche?«, fragte der Großvater. Er machte sich immer noch Sorgen, dass das Kätzchen an Unterkühlung litt.

»Nein, direkte Wärme bekommt ihr nicht«, sagte Mandy. »Sie muss sich langsam aufwärmen. Wir brauchen sie nur trockenzureiben.« Mandy glaubte nicht, dass Amber sich etwas gebrochen hatte, aber möglicherweise hatte sie Erfrierungen. Doch noch konnte sie das nicht mit Sicherheit sagen.

»Kann sie warme Milch bekommen?«, fragte die Großmutter. Die Erwachsenen standen da und schauten über James' Kopf hinweg auf Mandy herunter, die auf dem Küchenboden kniete, das Kätzchen auf dem Schoß.

Mandy nickte. Bald war Ambers Fell trocken und

flauschig. Die Großmutter brachte ein Schälchen Milch und Mandy stellte Amber vorsichtig auf die Füße. Das Kätzchen schwankte, dann beugte es sich vor und schleckte mit seiner rosa Zunge Milch. Mandy setzte sich auf die Fersen und sah zu den besorgten Gesichtern hoch. Ihr nasses blondes Haar klebte in Strähnen an Wangen und Hals. Ihre Haut kribbelte immer noch von der Kälte. »Ich glaube, sie kommt wieder in Ordnung!«, flüsterte sie.

Vor dem Tor stand eine Menschenmenge, als Mandy mit Amber, die in eine dicke rote Decke gewickelt war, zum Campingbus ihres Großvaters ging. Sie wollten zum Haus Buche fahren und das Kätzchen wieder nach Hause bringen.

»Gut gemacht!«

»Ist das nicht großartig!«

»Oh, ist sie hübsch!« Beim Anblick des geretteten Kätzchens erhob sich allgemeines Gemurmel der Anerkennung. Mandy erlaubte den Helfern einen kurzen Blick. Amber saß warm eingepackt da und schnurrte wie ein kleiner Motor. Sie starrte aus der roten Decke auf die Reihe fremder Gesichter, miaute verwirrt und kuschelte sich noch tiefer in Mandys Arme.

Der Großvater dankte allen, während er das Tor öffnete. »Ende gut, alles gut!«, sagte er lächelnd und ging zum Bus. Die Großmutter stand auf der Türschwelle. »Na los, Mandy. Lass das arme kleine Mädchen nicht länger warten!« Sie kam zum Tor und winkte ihnen nach.

Mandy setzte sich mit Amber nach vorn, James kletterte auf den Rücksitz. Mr. Hastings stieg in den Bus und schob die Tür zu. Endlich fuhren sie los, um Alex ihr Kätzchen zurückzubringen.

»Gerade noch zur rechten Zeit«, murmelte Jeremy Hastings. Er starrte aus dem Fenster hinaus über das Tal auf die funkelnden Lichter des Dorfes.

Gerade noch zur rechten Zeit für Weihnachten, für den großen Umzug und vor allem für Alex.

Mandy trug Amber in Alex' Zimmer. Das Kätzchen war immer noch in die rote Wolldecke gewickelt. »Schau, wen ich dir mitgebracht habe«, flüsterte Mandy.

Alex lag immer noch im Bett und starrte an die Decke. Auf dem weißen Kissen leuchtete ihr Haar kupferrot. Sie wandte ihren Kopf und schaute Mandy ungläubig an.

Mandy ging auf Zehenspitzen zu ihr. »Es ist Amber!«

»Ist das wirklich wahr?« Alex stützte sich auf den Ellbogen. Dann setzte sie sich auf. »Lass mich sehen!«

Sie schlug die Decke auseinander. Ambers rundes Gesicht kam zum Vorschein und ihre Augen wurden lebhaft, als sie das Zimmer wieder erkannte. Sie sprang von Mandys Arm herunter auf das Bett und lief leichtfüßig auf Alex zu.

Das kleine Mädchen breitete seine Arme aus. Es brachte vor Freude kein Wort heraus. Amber kroch geradewegs in seine Arme. Alex schlang sie um das Kätzchen und drückte ihre Wange an seinen weichen Kopf. Dann schaute sie zu Mandy hoch. »Hat dir der Weihnachtsmann verraten, wo du sie suchen musstest?«

Mandy lächelte. Alex' Traum hatte sich bewahrheitet. Keine Angst mehr und keine Tränen. Nun konnte Alex all ihre Kraft darauf konzentrieren, wieder gesund zu werden. »In gewisser Weise schon«, sagte Mandy.

10. Kapitel

Don McNab war gerade damit beschäftigt, den Transporter in den Rentierschlitten zu verwandeln, als Mandys Großmutter mit ihrer Weihnachtsmannausstattung in den Hof der »Arche« kam. »Es war sehr nett von Ihnen, dass Sie sich so viel Mühe gemacht haben«, sagte Don höflich. »Aber der alte Herr wird die Sachen nun doch nicht brauchen!«

Mandy und James halfen Don. Es war sieben Uhr. Sie hatten nur eine halbe Stunde Zeit, um den Schlitten herzurichten und Rudolph und Dasher einzuspannen, bevor es zum Dorfplatz ging. Der Abend war frisch und klar, ein perfekter Weihnachtsabend.

»Sind Sie sicher?«, fragte die Großmutter verwirrt. Ihres Wissens hatte Don die richtigen Kleider in einem Krankenhauszimmer vergessen.

»Ganz sicher, vielen Dank. Ich habe eine Nachricht an den Weihnachtsmann geschickt und er hat sich Ersatzkleider aus dem Rentierland kommen lassen!«

»Tja.« Die Großmutter zog die Augenbrauen hoch, dann steckte sie den selbst genähten Mantel wieder in ihre Tragetasche. »Vielleicht ist er irgendwann noch einmal nützlich.« Fasziniert ging sie um den Schlitten herum. Sie bestaunte die Glasfaserplatten an den Seiten, die James gerade festschraubte, und betrachtete den riesigen Berg Geschenke auf dem Rücksitz. »Phantastisch!«, sagte sie zu Mandy. »Ich mag eine alte Frau sein, aber ich muss gestehen, dass ich schrecklich aufgeregt bin!«

Mandy nickte. »So geht es mir auch. Ich kann es kaum erwarten.«

»Auf dem Dorfplatz wartet man schon auf Sie«, sagte die Großmutter zu Don. »Die Lichterketten sehen wunderschön aus. Und vor dem Gasthaus hängen riesige altmodische Laternen. Auch die Musik spielt bereits.«

»Sind schon Leute da?«, fragte Mandy. Alles, was sie jetzt noch für den Erfolg der Aktion benötigten, war eine riesige Menschenmenge, die sich versammelte, um den Weihnachtsmann mit seinem Schlitten zu sehen und Weihnachtslieder zu singen.

»Schon ziemlich viele«, erwiderte die Großmutter. »Dein Opa und ich fahren jetzt zurück. Sollen wir euch mitnehmen?«

Aber Mandy und James hatten noch zu tun. »Nein, danke. Wir gehen mit Ma. Pa muss noch einen Hausbesuch machen und wird später nachkommen«, sagte Mandy. Sie wollte Don beim Einspannen von Rudolph und Dasher helfen, bevor sie ins Dorf gingen.

»Dann bis später«, sagte die Großmutter. »Aber beeilt euch, sonst verpasst ihr den ganzen Spaß!«

Doch Mandy und James konnten sich nichts Schöneres vorstellen, als Don zu helfen. Sie gingen zu den Rentieren und führten sie aus dem Gehege. Rudolph und Dasher waren ordentlich gebürstet. Sie hatten weiche weiße Mähnen und ihre Hufe klapperten auf dem Boden. Ihre samtenen Geweihe warfen wundervolle Schatten im Hof.

»So ist es recht. Ganz ruhig!«, ermunterte sie Don, als Mandy und James die Rentiere zwischen die Deichsel des Schlittens führten. »Nun komm, Dasher, ein bisschen weiter zurück! Gut so, Rudolph, zeig ihm, wie man das macht!« Langsam brachten sie die Rentiere in die richtige Position.

Dasher schnaubte und scharrte auf dem Boden. Der Schlitten hinter ihm schwankte ein wenig. Rudolph stand da, die Ruhe selbst, als spürte er, dass sein großer Augenblick gekommen war.

»Wunderbar!« Endlich war Don zufrieden.

Sie traten zurück, um den Schlitten noch einmal zu begutachten. Mit seinen polierten weißen Seiten und roten und goldenen Verzierungen hätte er schöner nicht sein können. Hinten türmten sich Geschenke auf und vorn standen zwei wunderhübsche Rentiere, die den Schlitten die verschneite Straße entlangziehen würden. James warf Mandy einen Blick zu, steckte die Hände tief in die Taschen und hob mit einem zufriedenen Seufzer die Schultern.

»Also dann, ihr beiden!«, rief Emily Hope in der Auffahrt. »Wir haben nicht mehr viel Zeit. Lasst uns ein Wettrennen machen!«

Mandy grinste. Ihre Mutter trug einen braunen Samthut mit einem Webpelzrand, einen langen dunklen Mantel im russischen Stil und hohe Stiefel. Mandy fand, sie war für ein Wettrennen zu chic. »Können wir nicht auf Don warten?«, bettelte sie.

»Nein!«, erwiderte Don prompt. Er war immer noch damit beschäftigt, das Geschirr zu überprüfen. »Der Weihnachtsmann will keine Leute hier haben, wenn er kommt. Er ist ein bisschen schüchtern, so wie unser James!« Er zwinkerte und James errötete. »Vorwärts«, sagte Don. »Geht und amüsiert euch!«

Und so mussten sie sich fürs Erste von Rudolph und Dasher verabschieden.

»Wir haben noch zwanzig Minuten«, sagte Mandys Mutter, als sie sich zu Fuß auf den Weg machten.

»Ich hoffe, Pa kommt rechtzeitig zurück«, sagte Mandy. Wie das Schicksal so spielte, hatte das Telefon geklingelt und er war zu einem Notfall gerufen worden.

»So ist das Leben eines Tierarztes eben«, hatte er geseufzt. »Immer in Bereitschaft, immer muss man sich um die Kranken und Verwundeten kümmern!«

»Ach!«, hatten Mandy und James gerufen und ihn bedauert.

»Achtet nicht auf ihn«, hatte Emily Hope gesagt. »Er will nur euer Mitleid erwecken!«

Und so gingen sie nun zu dritt rasch die Straße hinunter: Mandy, James und Mrs. Hope. Als sie zur Hauptstraße kamen, sahen sie eine lange Reihe geparkter Wagen und hörten Weihnachtslieder aus den Lautsprechern erklingen. Dann sahen sie den Platz. Er war in ein Meer aus gelben, roten und grünen Lichtern getaucht. In der Mitte stand stolz ein riesiger Weihnachtsbaum in vollem Glanz. Um ihn herum hatte sich eine große Menschenmenge versammelt.

Mandy erschauerte vor Aufregung. Kinder rannten umher oder saßen auf den Schultern von Erwachsenen. Walter Pickard lehnte an seinem Gartentor und beobachtete das Geschehen. Die Parker Smythes standen mit Sam Western zusammen. Simon sprach mit Jean. Sara Hardy war in ein viktorianisches Kostüm mit einem langen Reifrock und einem Schultertuch gekleidet und trug große Tabletts mit kleinen Pasteten herum.

Dann kam Julian Hardy aus dem Gasthaus, um den Gesang zu dirigieren. Er verteilte Notenblätter. Alle waren bereit.

»Es sind hunderte von Leuten gekommen!«

James versuchte sie zu zählen, gab aber schnell auf.

Mandy lächelte ihrer Mutter zu, dann mischte sie sich unter die Menge. Während sie ein Notenblatt nahm, hielt sie nach ihrem Vater Ausschau, doch stattdessen entdeckte sie ihre Großeltern, die ihr zuwinkten. Mandy winkte zurück und schlängelte sich dann weiter nach vorn.

»Kommet, ihr Hirten, ihr Männer und Frau'n,
kommet das liebliche Kindlein zu schau'n.
Christus, der Herr, ist heute geboren,
den Gott zum Heiland euch hat erkoren:
Fürchtet euch nicht!«

Die Gesichter der singenden Menschen auf dem bevölkerten Platz strahlten im Schein der Laternen. Die Musik schwebte in den Nachthimmel empor, ein Chor glücklicher Stimmen.

»Vom Himmel hoch, da komm ich her...«

Mandy sang aus voller Kehle. Aber wo war ihr Vater? Er musste doch inzwischen von seinem Besuch zurück sein. Sie bahnte sich ihren Weg durch die

Menge und schaute die Straße hinunter, auf der Suche nach dem »Arche«-Landrover.

Aber dann wurde sie von dem seltsamen Anblick zweier Weihnachtsmänner abgelenkt, die neben dem Wirtshaus standen und stritten.

»Tja, als ich hörte, dass sie jemanden für die Aufgabe brauchen, dachte ich, dann mache ich das eben«, knurrte eine mürrische Stimme hinter einem falschen weißen Bart. Die Gestalt war unter einem roten Mantel mit Kapuze verborgen, doch Ernies Hosen und feste Stiefel waren nicht zu übersehen.

»Und das war sehr freundlich von Ihnen!«

Mandy bekam große Augen. Auch diese Stimme war ihr wohl bekannt.

»Es war wirklich sehr aufmerksam, Mr. Bell. Aber ich denke, jetzt sollten Sie die Sache mir überlassen!«

Die zweite Gestalt war klein und rund und unter ihrem roten, pelzbesetzten Mantel verbarg sich ein großer Busen. Sie hatte die Kapuze tief ins Gesicht gezogen und ihre volle Stimme wurde durch einen überdimensionalen Bart gedämpft. Aber es stimmte. Wie üblich nahm Mrs. Ponsonby die Sache in die Hand. »Ich weiß, wie man mit kleinen Kindern umgeht, verstehen Sie. Sie jagen den armen kleinen Dingern vielleicht einen Schrecken ein. Nun gehen Sie zur Seite und lassen Sie mich vorbei. Wir dürfen die Leute nicht enttäuschen, oder?«

Ernie Bell brummte und murrte. Er wollte sich

nicht kampflos geschlagen geben. »Hören Sie, ich musste mir dieses Zeug in der Garderobe der Welforder Theatergruppe ausleihen. Die haben mir das nicht umsonst gegeben!«

Mrs. Ponsonby beäugte das mottenzerfressene Kostüm, als sei sie der Meinung, dass Ernie hereingelegt worden sei. Sie strich ihr eigenes piekfeines Kostüm glatt und fuhr sich über den Bart. Mandy unterdrückte ein Lachen.

»Auseinander!« Julian Hardy trat zwischen die beiden Möchtegern-Weihnachtsmänner. Die Lieder erklangen weiter. Niemand außer Mandy hatte den Streit mitbekommen. »Haben Sie es denn nicht gehört? Der echte Weihnachtsmann ist doch zurückgekommen!«

»Ist nicht wahr!?«

»Das gibt es doch nicht!« Mrs. Ponsonby und Ernie Bell verschlug es vor Verblüffung die Sprache. Sie nahmen ihre Bärte ab und zogen im Schatten des Gasthauses ihre Kapuzen herunter. Plötzlich verstummte die Musik und aus den Lautsprechern ertönten Glocken. Die Kinder drängelten sich nach vorn und spähten die Straße hinauf.

Als der Schlitten des Weihnachtsmannes in Sicht kam, erhoben sich schallende Stimmen und sangen die ersten Zeilen des Lieds von Rudolph, dem Rentier mit der roten Nase.

Es war wie in einem Märchen. Rudolph und

Dasher tänzelten auf den Platz zu. Der Schlitten wurde von kleinen weißen Lichtern erleuchtet. Er glänzte und funkelte, während die Rentiere näher kamen, und silberne Glöckchen erklangen.

»Der Weihnachtsmann!«, flüsterten die kleinen Kinder.

»Ist er es wirklich?«

»Schaut nur, Rudolph!«

Alle sahen ihm staunend entgegen.

Der Weihnachtsmann saß oben auf seinem Schlitten und hielt die Zügel. Es war ein dicker Mann mit einem roten Gesicht und einem weißen Bart. Mandy hatte wohl noch nie einen überzeugenderen Weihnachtsmann gesehen. Sie spürte, wie James sich neben sie schob. »Sieht Don nicht toll aus?«, sagte sie.

»Pst!« James blickte rasch um sich, um sich zu vergewissern, dass niemand sie gehört hatte. »Verrat ihn doch nicht!«

Sie grinsten beide. Don McNab sah zweifellos echt aus, als er den Schlitten auf dem Platz zum Stehen brachte und ausstieg. »Hohoho!«, dröhnte seine laute Stimme.

»Wie findet ihr ihn?«, fragte eine Stimme hinter ihnen leise. »Der alte Herr ist rechtzeitig gekommen, wie ich es versprochen habe.« Die Stimme hatte zweifellos einen schottischen Akzent.

»Don!« Mandy und James fuhren herum.

»Aber Sie...«

»Sie sollten doch...«

Sie verstummten. Don grinste. Da stand er in voller Lebensgröße in seinem dicken Pullover und seiner Jacke. »O nein«, protestierte er. »Ihr dachtet doch nicht immer noch, ich sei der alte Herr! Glaubt ihr nach allem, was ich euch erzählt habe, immer noch nicht an den Weihnachtsmann?«

Mandy und James schluckten.

»Jetzt tun sie es«, lächelte Emily Hope, die gerade mit einer Sammelbüchse vorbeikam. Sie schüttelte sie im Takt der Musik. Die Menschen griffen tief in die Tasche und spendeten großzügig. Alle sagten, es sei der schönste Weihnachtsschlitten, den sie je gesehen hätten.

Als Mandy und James sich wieder umwandten, um Don ins Verhör zu nehmen, war der Schotte in der Menge verschwunden.

Dann gab es für die kleinen Kinder Geschenke. Schüchtern ging eins nach dem anderen zum Schlitten und flüsterte seinen Wunsch. Der Weihnachtsmann grub in dem Berg eingepackter Geschenke und suchte das jeweils richtige heraus. Die Päckchen an sich gedrückt, gingen die Kinder wieder davon, während Mütter und Väter Geld in die Sammelbüchsen warfen. Die Schlange schien kein Ende zu nehmen, als die Kinder mit glänzenden Augen die Rentiere des Weihnachtsmannes streicheln durften.

Endlich waren alle Weihnachtslieder gesungen und alle Geschenke verteilt. Die Sammler kehrten mit ihren Büchsen ins Gasthaus zurück, wo die Großeltern Hope das Geld zählten. Es wurden noch Pasteten gegessen und dann stellte sich die Menge am Straßenrand auf, damit der Schlitten des Weihnachtsmannes weiter zum Haus Buche fahren konnte.

»Er muss einen Extrastopp einlegen«, erklärte Mandys Mutter. Sie stand zwischen Mandy und James, während sie darauf warteten, dass der Großvater das Ergebnis der Sammlung verkündete.

Dann kletterte der Großvater mit einem Zettel in der Hand auf den Schlitten. Er bat um Ruhe. Die Musik verstummte, die aufgeregten Stimmen erstarben. Der Großvater räusperte sich und las von dem Papier ab. »Die Gesamtsumme unserer Sammlung beträgt 897 Pfund und 30 Pence!«, verkündete er stolz. »Was, wie ich zu meiner großen Freude sagen kann, bedeutet, dass Alex und ihre Familie im neuen Jahr alsbald in die Staaten reisen können! Dafür möchte ich mich bei allen ganz herzlich bedanken!«

Unter Applaus stieg der Großvater vom Schlitten herunter. Dann bildete die Menge hinter dem Schlitten einen langen Zug.

»Kommt.« Emily Hope legte Mandy und James die Arme um die Schultern. »Wir dürfen den besten Teil nicht verpassen!« Langsam gingen sie zum Klingeln der Glocken und Klappern der Rentierhufe die Straße entlang.

Bevor sie es sich versahen, standen sie vor dem Haus unter den hohen Bäumen. Der Weihnachtsmann hielt die Rentiere an. »Hohoho!«, begrüßte er die Bewohner des Hauses.

William erschien am Wohnzimmerfenster. Er zog den Vorhang auf und hielt den Atem an, dann schoss er davon. Kurz darauf öffnete sich die Tür und er trat mit leuchtenden Augen auf die Veranda. Der Weihnachtsmann winkte ihn zu sich.

»Na los, William!«, flüsterte Mrs. Hastings leise, die hinter ihren Sohn getreten war. Sie legte die Hand auf seine Schulter und schubste ihn die Treppe hinab. William rannte den Weg hinunter, gab dem Mann mit dem Rauschebart die Hand und nahm ein riesiges Geschenk entgegen. Seine Mutter sah lächelnd zu.

»Bedank dich«, erinnerte sie ihren Sohn.

William konnte kaum über seine geheimnisvolle Schachtel hinwegschauen. »Danke!«, flüsterte er.

»Alex' Vater und ich möchten uns auch bedanken«, sagte Mrs. Hastings zu Mandy. »Dein Großvater sagt, dass wir alle nach Amerika fahren können, um Alex operieren zu lassen.« Rasch wischte sie eine Träne fort, während Jeremy Hastings ins Haus eilte, um seine Tochter zu holen. Mrs. Hastings nahm Mandy in die Arme und drückte sie fest.

Und nun war Alex an der Reihe. Sie kam, in Mantel, Schal und Mütze gehüllt, mit ihrem Vater zur Türschwelle. Auf dem Arm trug sie Amber. Als das Kätzchen die Lichter des Schlittens sah, blinzelte es.

»Komm, gib sie mir«, sagte Mr. Hastings zu Alex.

Wortlos reichte sie ihm Amber und kam langsam den Weg hinunter. Der Weihnachtsmann empfing sie mit offenen Armen. Sie lächelte ihn an. Es war ein strahlendes, ungläubiges Lächeln. Dann hob der Weihnachtsmann sie hoch und setzte sie auf den Schlitten.

»Such dir ein Geschenk aus!«, sagte er mit dröhnender Stimme.

Schüchtern deutete Alex auf ein kleines rundes Päckchen. Alle Leute, die geholfen hatten dieses Weihnachtsfest zum schönsten der Welt zu machen, schauten zu, wie sie das Papier aufriss. In dem Päckchen befand sich ein schmales blaues Halsband. Alex hielt es hoch, um es Mandy zu zeigen. »Schau! Er muss meinen Brief bekommen haben. Das hat er für Amber gebracht!«

Mr. Hastings ging lächelnd zu ihr und reichte ihr das Kätzchen. Behutsam legte Alex das Halsband um Ambers Hals.

»Wie wäre es mit einer Schlittenfahrt?« Der Weihnachtsmann zog sie und das Kätzchen zu sich heran.

Mit großen Augen starrte Alex zu ihm empor und nickte. »Darf William auch mitkommen?«

»Wir haben genug Platz!«, erwiderte der Weihnachtsmann.

Gesagt, getan. Jeremy Hastings hob seinen Sohn auf den Schlitten.

Dann ergriff der Weihnachtsmann die Zügel. »Hü, Rudolph! Hü, Dasher!« Der Schlitten ruckte einmal, dann glitt er unter dem Geklapper der Rentierhufe ruhig die Straße hinunter.

Mandy und James rannten neben ihm her. Hinter ihnen stimmte die Menge eine weitere Strophe von Rudolphs Lied an.

Der Weihnachtsmann fiel in das Lied ein, während er seinen Schlitten die verschneite Straße entlanglenkte. Seine tiefe Stimme dröhnte durch die klare Nachtluft.

Mandy und James blieben wie angewurzelt stehen.

»Sag mal...?«, stammelte James und starrte Mandy an.

Mandy schluckte trocken. »Nein!« Der Weihnachtsmann war dick und fröhlich und hatte einen weißen Bart. Der Bart ihres Vaters war braun. Andererseits, wo steckte ihr Vater denn?

Sie beobachteten, wie der Schlitten wendete und wieder auf sie zukam.

»Großartig, nicht?«

Beim Klang der vertrauten tiefen Stimme fuhr Mandy herum. »Pa!« Er stand hinter ihnen, mit Schal und Mütze.

»Was ist los? Ich sagte doch, dass ich rechtzeitig zurück sein werde, oder?«

»A… aber!« Mandy starrte wieder zu der prächtigen rot gekleideten Gestalt auf dem Schlitten.

Adam Hope lächelte breit und klatschte in die Hände. »Fröhliche Weihnachten!«, rief er über die klingelnden Glöckchen hinweg.

Der Schlitten kam neben ihnen zum Stehen. Die Rentiere schnaubten und schüttelten sich. Alex hielt ihr Kätzchen an sich gedrückt. Sie strahlte mit William um die Wette. Dann hob Mr. Hastings die Kinder herunter.

Schließlich schaute der alte Herr Mandy und James in die Augen und ließ sein dröhnendes Lachen ertönen. »Fröhliche Weihnachten!« Sie winkten, während er die Zügel nahm und davonfuhr.

»Fröhliche Weihnachten allerseits!«

LESEPROBE

Lucy Daniels
Ein Pony namens Prinz

aus: Die schönsten Pferdeabenteuer

Das kleine Pony knabberte sanft an Mandys Fingern, während Mandy ihm die letzte Möhre fütterte, die sie ihm mitgebracht hatte. »So, mein Kleiner«, sagte sie und strich mit der anderen Hand über seinen seidigen Hals. »Oh, Prinz, ich werde dich furchtbar vermissen.«

»Ich auch«, sagte Mrs. Jackson. »Aber da Jane nun nach York gezogen ist, bleibt uns keine andere Wahl. Es gibt niemanden, der Prinz reitet, und die Haltung von Ponys ist teuer.«

»Macht Jane ihre Ausbildung als Krankenschwester denn Spaß?«, fragte Mandy. Jane war Mrs. Jacksons Tochter. Mrs. Jackson war seit fünf Jahren verwitwet und wohnte mit Jane im Haus Rose, das in der Straße lag, in der auch Mandys Großeltern lebten.

»Oh, Jane wollte immer schon Krankenschwester werden«, sagte Mrs. Jackson. »Sie liebt diesen Beruf. Aber sie macht sich Sorgen um Prinz. Ich hoffe nur, wir können ein gutes Zuhause für ihn finden.«

Mandy schaute sich in dem kleinen Obstgarten hinter dem Haus um. Der Stall von Prinz war ein einfacher Pultdachschuppen, der in einer geschützten Ecke des Gartens stand. Der Garten roch nach jungem Gras und würzigem Torfmoos und unter den Bäumen ging ein angenehm frischer Wind.

»Ein besseres Zuhause als bei Ihnen kann er nicht finden«, sagte Mandy.

»Er ist hier immer glücklich gewesen«, erwiderte Mrs. Jackson. Sie legte eine Hand auf Prinz' schimmerndes braunes Fell. »Acht Jahre haben wir dieses Pony gehabt«, sagte sie. »Jane bekam es zu ihrem zehnten Geburtstag geschenkt. Ich erinnere mich noch gut an den Tag, als Fred es mitbrachte. Jane war so glücklich, als hätte er ihr den Himmel auf Erden geschenkt.« Mrs. Jackson wischte eine Träne fort. »Nun«, sagte sie. »Was sein muss, muss wohl sein.«

Mandy lächelte ihr zu, aber auch sie war traurig. »Bestimmt werden Sie ein gutes Zuhause für Prinz finden, Mrs. Jackson.«

»Ich werde Prinz nirgends hingeben, wo er nicht gut gehalten wird«, sagte Mrs. Jackson. »Wenn ich nur an all die Preise denke, die er auf der Welford-Schau gewonnen hat. Er ist ein großartiges kleines Springpferd. Beinahe so gut wie das Pony vom jungen Barry Prescott.«

»Barrys Pony ist größer als Prinz«, sagte Mandy. Barry war der Sohn des ortsansässigen Arztes. Er besaß einen braunen Wallach namens Star.

Mrs. Jackson schaute sie an. »Du möchtest nicht zufällig ein Pony haben, Mandy? Ich weiß, dass du dich gut um Prinz kümmern würdest.«

Mandy lachte. »Ich habe eine ganze Arche voller Tiere, Mrs. Jackson. Ma sagt, wenn es noch mehr werden, sinken wir. Aber ich werde ihn furchtbar vermissen, nicht wahr, mein Kleiner?« Sie vergrub ihr Gesicht in der Mähne des Ponys.

Zwei Gärten weiter rief eine Stimme nach ihr. Es war ihre Großmutter. Mandy war gekommen, um sich von ihren Großeltern zu verabschieden, die für zwei Wochen in den sonnigen Süden fuhren. Mandy ging oft bei Prinz vorbei, wenn sie ihre Großeltern im Haus Flieder besuchte, und Jane hatte ihr oft erlaubt, das Pony zu bürsten und zu füttern. »Oma und Opa wollen sicher aufbrechen«, sagte sie zu Mrs. Jackson.

»Dann lauf und verabschiede dich von ihnen«, erwiderte Mrs. Jackson. »Und richte ihnen aus, dass ich ihnen eine schöne Zeit in Portugal wünsche.«

»Das mache ich«, sagte Mandy und gab Prinz einen letzten Klaps. »Bis bald«, sagte sie zu dem kleinen Pony. Beim Tor am hinteren Ende des Obstgartens winkte sie noch einmal. Prinz graste zufrieden auf der Wiese. Ja, sie würde ihn schrecklich vermissen.

Weiteres Lesefutter bei Bassermann

Die schönsten Pferdeabenteuer

Immer im Einsatz

"Die Tierfreunde", das sind Mandy und ihre Eltern, die die Tierklinik "Arche" betreiben. Immer dabei ist auch Mandys bester Freund James, mit dem sie gemeinsam Tiere aus der Not rettet. Bei diesen Aktionen brauchen die beiden jede Menge Ideen und zeigen unermüdlichen Einsatz für Hunde, Katzen, Ponys, aber auch für ein Schweinchen oder eine ganze Igelfamilie. In diesem Sammelband mit zwei Geschichten dreht sich alles um Pferde:

- "Ein Pony namens Prinz"
- "Ein Shettie in der Scheune"

Das Pony Prinz gehört jetzt Mandys Mitschülerin Susan. Doch die versteht nichts von der Ponypflege. Mandy macht sich Sorgen ...

Die kleine Polly und ihr Pferd Shettie sind bei den Hopes zu Gast. Aber Polly hat Angst vor dem sanften Pony, können Mandy und James ihr helfen, ihre Scheu zu überwinden?

ISBN: 3-8094-1121-3
Umfang: 320 Seiten
Preis: 10,- DM

Weiteres Lesefutter bei Bassermann

Abenteuergeschichten mit der Schwarzen 7

Gemeinsam mit ihren Freunden Jack, Colin, Pam, Georg und Barbara gründen die Geschwister Janet und Peter den Geheimbund die Schwarze 7. Der Cockerspaniel Lump ist auch immer mit von der Partie, wenn die sieben Kinder spannende Abenteuer erleben und rätselhaften Geheimnissen auf die Spur kommen.

In diesem Sammelband sind folgende Geschichten zusammengefasst:

- Ein Geheimnis für die Schwarze 7
- Augen auf, Schwarze 7
- Haltet den Dieb, Schwarze 7

Ein Mädchen verschwindet und aus dem Pult der Lehrerin wird Geld gestohlen. Die Schwarze 7 wittert ein neues Abenteuer und macht sich auf die Suche...

Unheimliche Geräusche rauben dem alten Schäfer Matt nachts den Schlaf, als dann auch noch eine wertvolle Geige verschwindet, ist die Schwarze 7 alarmiert....

Bei Colins Großmutter wird eingebrochen und wertvoller Schmuck wird geraubt. Für die Schwarze 7 ist es eine Frage der Ehre, die Täter zu finden...

ISBN: 3-8094-1124-8
Umfang: 288 Seiten
Preis: 10,- DM

Weiteres Lesefutter bei Bassermann

Abenteuergeschichten mit den verwegenen 4

Spannende Abenteuer

stehen für das unzertrennliche Kleeblatt auf der Tagesordnung. Die ersten beiden Geschichten der verwegenen 4 aus der Feder der berühmten Kinderbuchautorin Enid Blyton sind in diesem Band vereinigt.

- "Die verwegenen 4 reißen aus"
Von den Eltern zu der garstigen Misses Grimm in die Ferien geschickt worden zu sein, ist ein hartes Los für die drei Geschwister Lissy, Chris und Peggy. Prompt beschließen sie auszureißen. Und zum Glück gibt es da Ben, sein Boot und eine einsame Insel, auf der sich eine geheimnisvolle Höhle befindet...

- "Die verwegenen 4 bewähren sich"
Ein anderes Mal, während der Ferien am Meer, erregt ein unheimliches altes Haus die Neugierde der Kinder. Es scheint ein düsteres Geheimnis zu bergen. Geht es dort wirklich nicht mit rechten Dingen zu? Mutig stürzen sich die verwegenen 4 erneut in ein riskantes Abenteuer.

ISBN: 3-8094-1125-6
Umfang: 256 Seiten
Preis: 10,- DM

Weiteres Lesefutter bei Bassermann

Das streng geheime Spuk- und Gruselbuch

Streng geheim

Eigentlich hatte Max sich etwas richtig Gruseliges von seinen Monsterfreunden zum Geburtstag gewünscht, eine Monsterspinne zum Beispiel. Was also, soll er jetzt mit dem Buch anfangen, das da vor ihm liegt? Enttäuscht krabbelt Max ins Bett, doch in der Nacht merkt er, dass sich zwischen den Seiten schaurige Geschichten verbergen, in denen er die Hauptrolle spielen soll...

Die Geschichten von Max und seinen liebenswerten Monsterfreunden, erzählt von Thomas Brezina, sind zum Gruseln schön. Zusätzlich verrät der Autor noch Tipps für alle, die selbst mal einen ordentlichen Spuk veranstalten wollen und berichtet von gruseligen, geheimnisvollen Ereignissen, wie sie immer wieder und überall geschehen.

ISBN: 3-8094-1123-X
Umfang: 224 Seiten
Preis: 10,- DM

Weiteres Lesefutter bei Bassermann

Alle meine Monster: Die schaurigsten Geschichten

Ein großes, gruseliges Geheimnis...

birgt die alte, stillgelegte Geisterbahn, in der Max von seiner erbarmungslosen Schwester Dodo und ihrem doofen Freund Egon einfach eingesperrt wird.
Kaum hat er den ersten Schrecken überwunden, da tauchen unheimliche Gestalten aus der Dunkelheit auf...die letzten Monster dieser Welt.
Die schaurig schönen Gruselgeschichten von Thomas Brezina lassen jungen Lesern eiskalte Schauerspinnen über den Rücken kriechen.
Aber keine Angst - Monster sind eigentlich ganz sympathische Zeitgenossen und zwischendurch darf immer wieder herzhaft gelacht werden.

ISBN: 3-8094-1122-1
Umfang: 256 Seiten
Preis: 10,- DM